島內漂泊記事：

臺南都市原住民

曹婷婷 著

目次

Contents

局長序
讓文化接地氣

　　「米食」係民生問題，也是經濟、政治問題，更是社會、文化議題，大臺南自古就是臺灣的重要糧倉，而由「米食」所拓衍出來的街市空間、日常飲食、歲時節慶、生命禮俗與宗教祭祀等等層面，多元而精采，為此，「大臺南文化叢書」第八輯即以「大臺南米食文化」為專題，邀請「古都保存再生文教基金會」鄭安佑先生、邱睦容小姐和前聯合報記者謝玲玉小姐，分別進行府城與南瀛米食的研究與撰述，鉅細靡遺、面面俱到地論述米食文化，相當接地氣，也相當有在地感。張耘書小姐的《府城米糕栫研究》，則以踏實的田調研究法，詳細報導臺南(也是全國)唯二製作「米糕栫」的店家及其製作方法，豐富大臺南的米食文化。

　　此外，延續「大臺南文化叢書」風格，除了專題之外，也增加時事或重要議題研究，本輯新增《臺南都市原住民》、《臺南鳥文化》等二書，分別邀請記者曹婷婷小姐、鳥類研究達人李進裕老師執筆。「都市原住民」討論 16 個原住民族群落腳大臺南的沿革、歷程與長遠發展，讓隱身於「臺南都市」的原民朋友現身說法，找到定位；而「鳥文化」則以文化的角度，重新觀察黑面琵鷺、菱角鳥、黑腹燕鷗等等各種鳥類在臺南土

地的生態、藝術與文學意趣，這是一個全新的議題，只有大臺南擁有這樣的鳥資源與生態文化。

因應新文化政策，「大臺南文化叢書」將朝向更活潑、更多元，也更具廣度與深度方向規劃，因此，從第九輯起我們將不再預設專題，而由各個文化領域的研究者挑選具前瞻性與挑戰性的研究議題，邀請專家學者進行相關研究，開啟另一扇文化之窗。

臺南市政府文化局局長

葉澤山

作者序
傾聽 城市原住民族人聲音

　　打從接下書寫都市原住民專書這個任務，就此，開啟了一場非常艱困的旅程；誠然，每一次書寫都不輕鬆，但過往書寫經驗，尚且是熟悉的領域，爬梳資料、訪談等等，都還能得心應手，然而，都市原住民書寫難度卻特別高，主要，是與日常涉獵原住民的機會與觸角都極其有限有關。

　　但凡我們生活接觸、認識的原住民，似乎都難脫既定印象：原住民必然樂觀、開朗、嗜酒、能歌善舞等，至於誰是哪一族？不同族群有哪些不同故事？其實，說穿了，我們不僅不甚了解，甚至可說是陌生的。

　　再者，從電視、書籍涉獵的原住民印象，也框架了我們的想像，或許正因多數人對於原住民族強加許多形容，也使得有些人甚至也未必願意主動提起自己的原住民族身分（輪廓一看就知道的例外吧？）

　　我身為一名漢人，每次訪談原住民族人，必定被問及的一句話就是：妳真的了解我們原住民嗎？一次次訪談下來，我知道，這不是質疑，而是原住民族人在長期不被了解與傾聽的主流詮釋下，他們早已漠然「習慣不被了解」，或是習慣「反正你們都這樣看我們」，是宿命嗎？抑或是另一種豁達？

　　經歷過一次又一次訪談，我從不同受訪者身上得到許多不同視野與觀點，重新認識這塊土地原來的這群可愛原住民朋友們，從他／她們身上接收截然不同看待世界的觀點，說是收穫卻也慚愧，因為，我們同住一塊土地上，卻存在不盡然真實的眼光與觀點；由此角度觀之，也突顯長期以往，我們可能讀了很多外國歷史、地理、熟悉外國人事物，卻忽略了近在身邊的美好人事物。

　　衷心感謝，有這個美好的機會傾聽這些原住民族人遷徙來到臺南的故事。臺南市是沒有原鄉的城市，全市也僅有八千多位原住民，這座城市關注原住民的腳步不歇，本書只是一個起點，祝福也期待離開原鄉來到這座城市生活的原住民，抑或是從小生長在這座城市的原住民，都能在臺南，譜寫出精彩的故事。

　　這本書能順利問世，要特別感謝谷暮‧哈就議員及穎艾達利議員，百忙之中，不吝撥冗指正以及給予寶貴的經驗分享，另外，也要感謝多位原住民族人分享自身成長故事與遷徙經歷，為這本書增色不少，最後，也懇請各位包涵本書不盡完美之處。

第
一
章

你
是
哪
裡
人
？
原
住
民
走
進
都
會

第一章

你是哪裡人？
原住民走進都會

「我現在是臺南人，但你看我的樣子也知道我是原住民，我是住在臺南市的阿美族人。」

「我的老家在屏東，但50幾年來都住在臺南，這樣，我應該算是屏東人還是臺南人？」

你來自哪裡？這個問題說來簡單，但在臺灣這個歷經不同時期政權統治的住民來說，卻一點都不簡單！有人是從祖先來自何方，依循前人身世、足跡追溯，進而定義自己是哪裡人，有些人則是認定從小生長於何處，進一步定義自己是哪裡人，而隨著「世界是平的」，國與國、城市與城市之間遷徙流動趨於頻繁，生活在哪裡與家鄉在哪裡，兩者看似分明，但界線卻也愈來愈模糊。

你是哪裡人這個課題，之於離開原鄉，遷徙到其他城市而居的原住民族人來說，更加難以定義。原住民族人雖不乏世居原鄉者，但以現況而言，原鄉跟都會區人口比例懸殊，即使戶籍在原鄉，但身處都會區者早已佔大宗，背後更存在一次又一次遷徙，而隨著族人在異鄉一代代繁衍，後人身上雖流著原住民血統，但三、四代過去，即使知道自己血緣上隸屬哪一族，

但文化、信仰乃至生活方式都已經距離原鄉愈離愈遠，關於「你是哪裡人」這個問題的詮釋，更加無法用三言兩語道盡。

本書，旨在書寫臺南市都市原住民，都市原住民又細分成山地原住民和平地原住民，但總結來說，開宗明義既以「都會」為題，說得當然是長期定居臺南而居的原住民們，從他們來到臺南落腳定居的故事，細說從頭。

第一節　臺南都市原住民現貌

臺南市人口總數為 188 萬人口，根據原住民族委員會統計，截至 2020 年 1 月止，臺南市原住民族人口為 8,210 人，甚至遠比新住民人口來得要少，而且，六都之中，臺南市也是原住民人口最少的直轄市，更沒有所謂原住民部落（西拉雅平埔族除外）。

全臺灣的原住民族約有 56 萬 7,000 人，佔總人口數 2%，行政院 2002 年 4 月 16 日核定 55 鄉鎮市為「原住民地區」具體範圍，其中 30 個山地鄉分布在直轄的新北市、桃園、臺中、高雄當中，臺南並不在此列；而從直轄市的原住民人口數來說，臺北市有 17,028 人、新北市為 56,622 人、桃園市 75,993 人、臺中市 353,564 人、高雄市 35,243 人，臺南市則僅有 8,210 人，同為遷徙至都會而居，臺南都會原住民人數明顯小眾，與其他

五都相比，落差不可謂不大。

臺南市的原住民族人零星分布在不同行政區域，他們多半是因為婚嫁、工作、經濟因素，來到臺南，有些人對於原鄉依賴仍在，有些即使生活在臺南半世紀，卻依然視自己為過客。值得玩味的是，不同族群看待這座城市的情感各有不同，有一說，排灣族人原鄉依賴感重，而阿美族人散居全臺，相對較能融入異鄉。

本書爬梳原住民族人遷徙到臺南的歷程，不同族群的遷徙各具不同面貌，如歸仁區歸農教會周邊自成一個小聚落，約有近 20 戶布農族人在這裡落地生根；永康區福山門教會則有一個小古華部落，幾乎都是屏東古華部落排灣族人因為來到大成長城工作，而自成一個聚落。其他更多的是因為工作、婚嫁、兄弟姊妹呼朋引伴而走進臺南市、成為臺南人。

簡言之，即使戶籍上填寫的是臺南人，在他們身上，仍難以精確明確定義「我是臺南人」，這也使得臺南市都會原住民族人的命題，顯得格外不易撰寫。

臺南縣市於 2010 年縣市合併，在此之前，原臺南縣、臺南市的原住民族人存在明顯界線，可以說，臺南縣、市的原住民族人幾乎並不會刻意特別交流或往來。更往前回溯，1960、70 年代的原住民因為人口數少，加上社會存在歧見，不乏原住民隱姓埋名過生活，擔心被貼上刻板的負面印象標籤，甚至

有老一輩原住民族人擔心「口音」被識破身分，閩南話說得比很多臺灣囝仔還要溜。

截至 2020 年 2 月，臺南市原住民總人口為 8,245 人，各族人數以阿美族 2,580 人居冠，其次為排灣族 2,529 人，接著是布農族 1,154 人、泰雅族 686 人、卑南族 370 人、太魯閣 298 人、魯凱族 225 人、鄒族 107 人、賽德克族 81 人、賽夏族 30 人、雅美族 18 人、邵族 17 人、噶瑪蘭 15 人、撒奇萊雅 7 人、卡那卡那富族 6 人、拉阿魯哇族 2 人；尚未申報則有 12 人，其中，山地原住民 4,544 人則比平地原住民 3,701 人多出 843 人。

從性別來看，臺南原住民截至 2020 年 2 月男性有 3,462 人、女性有 4,783 人，而從居住地來看，永康區多達 2,070 人為最大宗，佔了臺南都會原住民近四分之一之多，其次為東區 863 人、接著是安南區 655 人。

將時間拉長來看，原住民走進都會已有一段漫長時日。考據都市原住民的地域分布可以窺知，都市原住民形成主要是隨著臺灣西部的工商業崛起，其中，漁業和礦業這兩大行業在當年時空背景最為吸引人，因此，基隆、高雄這兩個一北一南各自坐擁遠洋漁業的縣市，在 1960、1970 年代之間的原住民人口逐年攀升，成為都市原住民人口集中的兩大城市。

類似描述在諸多原住民文獻中皆可見，不過，臺南市設籍

的都市原住民族人背景，則可以說，與上述論述幾乎沒有具體的因果關係，主要還是因為臺南並無漁業也沒有礦業的背景，所以在爬梳原住民族人前進臺南的遷徙歷程，要從目前居住於此座城市的族人往前回溯，最初來到臺南的原點與契機是什麼？

整體而論，原住民族人遷徙來到臺南，當然仍不脫就業的經濟因素以及婚嫁兩大脈絡，也因為非屬整個族群的遷徙，故人口分布來說，不若其他縣市自成聚落，而是呈現零星分布，以行政區域細分，原住民族人主要分布集中在永康區（2,041人）、東區（861人）、安南區（655人）、北區（503人）、南區（443人）、仁德（406人）、歸仁（368人）、新營（278人）。

實地走訪這幾處行政區了解各區域的原住民族人居住情形，嚴格來說，其實原住民族人分布相當零散，迥然於其他縣市的原住民多習慣群居一起，在他鄉形成一個個的原鄉部落。仔細詢問許多老一輩原住民，從他們口中則似乎可以拼湊兩種落腳成為都原的樣貌，其一，是刻意隱藏原住民身分，另一種，則是刻意和族人保持距離，希望藉此讓下一代能夠盡快融入都市。

　　如果有一天

　　我們拒絕在歷史裡流浪

　　請先記下我們的神話與傳統

　　如果有一天

　　我們要停止在自己的土地上流浪

　　請先恢復我們的姓名與尊嚴

　　這首詩，出自排灣族詩人莫那能〈恢復我們的姓名〉之手，刻劃了臺灣原住民族的多重流徙經驗。

　　1980 年代出生、任職於臺南市原住民文物館的館員蔡瑩如，父親是排灣族、母親是布農族，父母年輕時相戀、結婚後，就選擇落腳平地工作、生兒育女，打拚家計，一年當中，只有父親節、母親節與耶誕節才會回到部落。

　　父母打從離鄉後，深刻體認外界對原住民的負面觀感，這些負面標籤不外乎——原住民好吃懶做、愛抽菸及喝酒愛吃檳榔，甚至是賭博，而每每回鄉，親戚朋友也確實維持這樣的生活模式，工作因此不保、一年換好幾份工作時有所聞，這成為他們無可迴避的現實。

　　她說，從小有記憶以來，左鄰右舍都是漢人，自己成長過程中所接觸的都是漢人，一年 365 天也只有屈指可數的幾天，是真正與原鄉部落的親戚相處，父母也不會刻意與小孩講族

語，少數族語聽得懂、簡單詞彙也還會講，但也坦言幾乎不諳族語。

蔡譽如五專就讀屏東商業技術學院，畢業後就到臺南奇菱光電工作，工作 3 年多後又報考嘉南藥理大學，20 出頭就到臺南求學、就業，婚後也定居臺南。當後來因緣際會投入原住民文化復振工作，她意識到，原住民文化的覺醒是一門重要課題。

尤其，這幾年原住民族語傳承面臨斷層，師資年齡層普遍在 50 到 70 之間，介於中高齡層，年輕人幾乎都不諳族語，也因此目前大學開設相關族語課程培育族語人才，投入傳承與教學工作，從小扎根部分則有族語認證，鼓勵原住民小孩學習家鄉的語言，也鼓勵非原民的孩子多學一種語言，厚植實力。

然而，她也反問自己，自己一路從求學到工作，是否能講原住民語言有無限制了什麼？似乎也不至於，尤其，當她如今已經身為人母，孩子到底要不要學習族語？她傾向讓孩子自由發展，「若以後孩子想學，就鼓勵去學，若意願不高，應該也不會勉強。」

她說，自己的成長過程中，因為父母早已離開原鄉部落，對於原鄉的情感雖有，但並無太緊密連結，原住民身分之於自己是自然不過的事，卻也不用刻意提起。反而是因為在面臨結婚時，對於「原住民身分」有了深刻的體悟。

　　她與另一半相戀 11 年後結婚。她猶記得，當初未來婆婆曾經擔心她的原住民家庭，她說，因公婆早年雇工都聘請原住民，老一輩刻板印象中，認為原住民好像都很愛喝酒、懶散、愛賭博等，「他們擔心我的家庭是否也如此？」

　　然而，謦如的父母卻完全打破準公婆的刻板印象，不菸不酒不賭博，「他們很早就下定決心，要撕下外界對原住民的負面標籤」。蔡謦如說，爸媽年輕選擇離鄉背井打拚奮鬥，跟原鄉親友感情依舊，但徹底選擇過著完全不同的生活方式，甚至就連回部落的次數也鮮少，僅於重要節日才帶孩子們回去。

　　她說，這件事說來輕鬆，但直到自己面臨別人檢視自己家庭時，才真正意識爸媽當年如何費盡心思為孩子著想，不只努力撕掉自己標籤，也讓下一代不必再受到這個標籤束縛。

　　成為臺南人的原住民，來自四面八方。1970 年代出生的阿美族林小姐嫁來臺南十多年，原鄉在臺東，從母親那一輩遷徙到高雄起，原鄉之於她這一輩無異是越來越陌生。由於年輕在臺南求學緣故，她對臺南反而比較熟悉，跟同儕不同的是，一般人讀完書就會返鄉，但對她來說，回鄉不知道能謀得什麼工作？自然而然就留在臺南工作，最後，也嫁給臺南人並生養下一代，如今也成為了臺南人。

　　循著婚嫁路徑嫁到臺南落腳、進而成為都會原住民的族人們，跟著夫婿身處何處而定居於此，分散四處；而因為工作緣

故來到臺南的族人則多會自成一個小社區，例如歸仁布農教會周邊的住宅區就有1、20戶布農族人落腳於此；永康區南原教會周邊也有不少原住民族人居住身影；永康區大成長城更有一個「小古華」部落，當地都是同一部落在同一家公司上班的族人，也是相當典型的原住民移居型態的縮影。

就業機會制約了原住民的遷徙版圖。都市原住民畢竟不同於一般的都市民眾，或多或少，在求職或接受教育過程中，不無承載標籤化的刻板印象。都市原住民從原鄉遷徙至都會區，從接受的文化教育、考試升學、求職都與你我一樣，不同的是多了一個原住民族身分，然，脫離了原鄉的根與記憶，第一代尚且對原鄉牽繫依舊緊密，一代過一代，年輕一輩對原鄉的情感似乎也因為少了在原鄉生活的記憶，與原鄉的情感日漸稀薄。

臺南市是六都唯一沒有原住民部落的直轄市，但，但凡有原住民族人在的地方卻自成一個聚落，筆者一個周日午後走訪來到歸仁布農教會周邊社區，只見教會前方馬路簇擁一群人，原來是左鄰右舍互為布農族人，彼此呼朋引伴就地在門口烤肉、聊天，小酌一番，有那麼一瞬間，讓人覺得彷彿置身山林之中的原鄉部落錯覺。

或許，對於原住民族人而言，家人在哪裡，部落便是在那裡了吧！

圖1：臺南市是一個多元族群融合的城市。

圖2：原住民向來予人善於唱歌跳舞的印象。

圖3：由臺南市政府舉辦的鄒族日活動，場面熱鬧。

圖4：穿上原住民傳統服飾之於都會區的原住民族人而言，別具意義。

圖5：原住民族傳統服飾。

圖6：臺南市原住民以排灣族占大宗，市府舉辦排灣族感恩慶典，安排排灣族人示範傳統提親習俗「送情柴」。

圖7：臺南市原住民以排灣族占大宗，市府舉辦排灣族感恩慶典，安排排灣族人示範傳統提親習俗「送情柴」。

第二節　淺談原住民族在臺南生活面向

原住民在都會區究竟都從事些什麼工作？離鄉背井，是否如願過著比在原鄉部落更好的生活？從過去諸多文獻都不難看到，原住民之所以離開原鄉部落，無非是希望能在都會區覓得好工作，賺取穩定且更好的薪資，過上更好的生活。

有好工作，是很重要一個關鍵因素，至於來到臺南，不同族群遷徙歷程各異，有人因為求學緣故久居也就習慣這座城市，有人則是因為在這裡謀得頭路，工作成為長居臺南主因，另外一大主要因素便是婚嫁了。

根據臺南市政府民族事務委員會進行的調查，臺南市原住民搬到臺南市居住的主要原因，以跟著父母（配偶父母）搬家及結婚更換居所者，所占比例最高，分別占 29.82% 及 27.05%，其次是配合自己工作地點有 17.08%，再其次，則是配合配偶工作地點的 8.43%，以及因經濟環境改變另覓新居的 6.91%。

有趣的是，在阿美族族語教師簡德輝的口中，倒是聽到一個有趣說法；他因為對於傳承原住民文化有使命感，自發性收集、訪談很多耆老的故事，曾有一回從一位原住民族人長輩口中聽到，「聽說臺南的土壤，種出來的番薯特別大特別肥，所以我就來了。」這一個說法讓他印象深刻，而這位長輩早年也

確實在新化一帶種番薯養家，顯然「為了種出好番薯」而落腳臺南，並非是信口開河。

為了要了解臺南市原住民生活與面向與現貌，並全面建置臺南市地區原住民族分布概況、教育程度、經濟狀況、生活品質、生活需求、就業狀況及原住民相關團體組織（如教會、原住民民間團體、學校原住民社團等）資料等，臺南市政府民族事務委員會曾於 2012 年間辦理「原著民生活狀況及需求調查」，調查期間自 2012 年 3 月 20 日至 4 月 30 日，調查對象為設籍於臺南市原住民。

雖然距離本書撰寫已有八年之遙，但近期並無相關調查，故仍援引當時這份調查資料，這份調查採分層隨機抽樣法，以面訪方式進行調查，有效樣本數為 715 人。

值得關注的是，與原鄉部落連結程度調查顯示，有 45.75% 的臺南市原住民平均一年甚至超過一年以上才回原鄉部落一次，顯示高達近半數原住民族人「近鄉情怯」，當然也不乏原住民族人是思及回部落一趟往返動輒耗費多天，在不影響工作或求學之下，選擇減少回去次數。其次是半年至未滿 1 年的 27.81%，再其次是 3 個月至未滿 6 個月的 11.92%，而比例最低的則是 1 星期回原鄉部落一次，僅有 1.48%。

另外，臺南市原住民與原鄉部落親友們聯繫的頻率，以一年聯繫 1 至 2 次、一星期聯繫 1 至 2 次及一個月聯繫 1 至 3 次

的比例最高，分別占 21.79%、19.91% 及 19.17%，其次是兩、三個月聯繫一次的 15.19% 及沒有聯繫的 13.20%，以每天會聯繫的比例最少，僅占 10.12%。

至於，在多數人印象中，認為理應是原住民生活占有極重分量的傳統祭典，其實，似乎也隨著「都會化」或是從小離鄉背井等緣故，不再遵循傳統老一輩認為祭典是傳承是文化，不容忽視。

臺南市原住民參與部落慶典的頻率，以很少參與及偶爾參與的比例最高，分別占 34.97% 及 33.75%，其次是從不參與的 21.55%，以經常參與的 9.74% 最少。臺南市原住民回原鄉部落的原因，以親友婚喪喜慶活動最高，有 64.68%，其次是掃墓的 54.12%，再其次是純粹想回部落看看親友的 44.22%。

不只回部落參與祭典的次數零星，甚至就連祭典也因為走了味，甚或是淪為表演，讓很多老一輩因為看不下去，而漸漸選擇不參與。

來自阿美族、家住永康的族語教師簡德輝說，來臺南落腳 30 多年，早年因為同樣移居臺南的阿美族黃姓頭目秉持傳統，連續 20 年，固定在臺南舉辦一年一度祭典，讓同在臺南的族人們維持自己的祖靈文化與祭典儀式，然而，隨著頭目逝世，後續雖也辦過幾屆，但卻也不了了之。

他說，祭典是文化的根，早年因為離開故鄉，渴望在都市

重現祭典，於是從民國 6、70 年代孕育復刻傳統祭典的活動，從天還沒亮就殺豬開啟儀式，全程也以族語進行，讓無法回鄉或者久久才能回去一次的族人，彷若回鄉了。

「我們在空曠河床、在山裡，跟著祖靈一起跳舞，呼喚祖靈保佑，傳達我們不會忘記祖靈的心。」簡德輝強調，祭典精神主要是複習歷史。不過，如今不僅這項傳統祭儀活動在臺南已經中斷，也愈來愈少人重視傳統祭典，即便是年輕一輩久久跟著長輩回去部落，也不再是為了傳統或文化精髓，淪為唱歌、跳舞，甚至是飲酒作樂，讓人唏噓不已。

至於原住民族人在各生活層面的滿意度，高達 79.72% 的臺南市原住民滿意自己的健康狀況，遠高於表示不滿意者的 19.89%。其中也有多達 65.39% 表示自己身體沒有問題，而健康有問題的比例則以「慢性疾病」，占了約 17.72% 最高，其次是「睡眠問題」也有 10.20%。

然而，迥然於一般人刻板認為原住民離婚比例不低，有高達 93.98% 的臺南市原住民表示滿意自己目前的夫妻生活，僅 4.61% 表示不滿意。相較於婚姻高滿意度，談到財務狀況時，46.36% 的臺南市原住民滿意目前財務、經濟狀況，卻有較高比例，亦即超過半數的 50.49% 臺南市原住民族對自身財務和經濟狀況並不滿意，甚至，有高達 52.45% 表示「收入不夠用」，更深入探究，全家月收入又以 18,780 元以上未滿 3 萬元居冠，

顯見收入不豐，也是一個普遍的現象。

在實際訪談原住民族人的過程中其實不難發現，其樂天性格使得他們在面對生活或工作，態度說的好聽是灑脫，說得苛刻一點就是鬆散，因此，在職業類型上的選擇，仍不乏以勞力工作者或是打零工都不在少數。以同一份調查數據顯示，65.35%的臺南市原住民族人有工作，但卻有34.65%沒有工作，以職業類別來細分的話，基層技術工及勞力工占大多數，其次是服務及銷售工作人員，專業人士僅占不到5%。

在一般認知裡頭，工作與學歷水平有極大關聯，在這份調查中也可以發現，有高達55.56%的臺南市原住民表示雖然表示滿意自己目前的教育程度，高過於表示不滿意的40.46%，臺南都市原住民族人的學歷以高中職比例最高，其次是大學與小學以下，相較於一般平地人普遍具有大專院校以上學歷，原住民族人的學歷就顯得偏低，碩士以上更是不到1%。不過，或許正是因為自覺學歷不高，仍然有47.45%的臺南市原住民表達希望進修的意願。

在語言的使用習慣上，使用國語與同時使用國、閩南語的都會原住民族人一樣多，都各有3成左右，而同時使用國語與原住民語的也有1成多，而國語、原住民語跟閩南語混合使用的也是有1成多，簡言之，國語顯然還是大家通用、慣用的語言，反觀族人的母語使用習慣可以說幾乎乏人使用，715份樣

本當中，竟然只有 5 人有使用母語的習慣。

這項調查反映都會原住民族對於母語極為陌生，也因此，當被問到若政府未來開設「成人族語」課程，不會說族語的臺南市原住民當中，有高達 67.38% 表態願意學習，遠遠高於不願意學習的 32.62%。此外，有小孩／孫子女的臺南市原住民中，甚至有 92.79% 的人，願意讓他們的小孩／孫子女去學習族語課程。喚起原鄉的意識也好，或是重拾父母的語言，這個課題在這個時代漸漸成為顯學，不若早年老一輩原住民族人必須抹去自己的原住民口音甚至是身分，只為能夠在都會區裡頭，謀得安身立命的機會。

除了上述具體從經濟收入、回部落頻率到學歷、使用族語的概況之外，這份調查也清查很多細項，包括企圖了解都市原住民生活的樣貌，例如，有 59.83% 的臺南市原住民對自己目前運用網路資訊的情形感到滿意，高於不滿意的 19.79%。有 84.06% 的臺南市原住民對自己目前居住地週遭的治安狀況感到滿意。

此外，有 86.94% 的臺南市原住民對於目前居住地交通便利性（好比通勤、通學、停車的便利性）感到滿意。有 69.77% 的臺南市原住民對自己目前住家附近的公共休閒及體育運動設施感到滿意（其中非常滿意的占 7.90%，還算滿意的占 61.87%），高於不滿意的 24.92%。

在醫療可及性的課題上，則有 82.65% 的臺南市原住民對目前居住地附近就醫的便利性感到滿意（其中，非常滿意的占 9.74%，還算滿意的占 72.91%），高於不滿意的 15.93%。這當中，有高達 83.91% 的臺南市原住民對目前居住地附近就醫的醫療服務品質感到滿意（其中，非常滿意的占 8.21%，還算滿意的占 75.70%），高於不滿意的 13.60%。

針對都會原住民族人的醫療課題，也有學者投入研究。本身是布農族人，曾任臺南新樓醫院腫瘤中心組長、現任臺南市民族事務委員會族群委員的溫純芳，投入不少心力鑽研這門領域，希望能夠提供未來原住民相關專責機構，於建立健檢機制、各項疾病篩檢或健康宣導上，能夠具體強化原住民的相關意識。

「你知道臺灣哪一個原住民族群，最常使用健保卡？哪一族使用健保卡點值（重大疾病）最多？原住民平均餘命又是多少？」溫純芳說，諸如此類議題常見於一般民眾的健康新聞報導，相形之下，原住民的健康議題是相對冷門的。她透過各種公部門資料加以比對，發現在臺灣主要四大原住民族群當中，泰雅族使用健保卡比例最多，而布農族的健保卡點值則是最高。

她解釋，泰雅族固然是最常使用健保卡的原住民，然而，從照護自我健康意識的角度來看，泰雅族可以說是最在乎健康

的原住民，而布農族則是在各項健保卡點值最高，則意味著布農族獵人性格堅毅、很ㄍㄧㄥ，往往拖到病情很嚴重才就醫，因此，一旦就醫都已經是到重大疾病的階段。

同樣與原住民性格及文化息息相關的健康議題是，在全國死亡率排行第十的肝硬化，在原住民族身上卻是高居第三名，揭示了原住民的飲酒文化，這個數據也反映在年齡分級死因當中，原住民 15 到 44 歲族群死因包含意外事故與肝硬化，45 到 64 歲死因一為癌症、二為肝硬化。溫純芳說，原住民自己私下有一種戲謔說法，原住民一路從年輕開始喝酒到老，不是喝酒喝到出車禍就是肝硬化。

另外一項值得探討的現象是，原住民雖多數生長在原鄉部落，坐擁好山好水，不過，原住民的平均餘命卻遠低於一般國人，僅有 61 歲，雖然平均餘命已較十幾年前進步，但仍比全國民眾平均餘命足足少了 8.3 歲，而且，50 歲以上女性人口更需自立自強，因為男性較女性早辭世，女性平均多活上 9 年，等於要孤獨 9 年。

溫純芳說，一個人的健康與經濟、教育有密切關係，當教育沒有達到一定水平、工作也普遍處於高勞力密集，何來講究健康、健檢？臺灣原住民因為階級、社會經濟地位相對低落，可想而知，健康也必然與一般民眾存在落差。

成功大學公共衛生研究所陳美霞於《世界及臺灣原住民族

健康問題》論文中也揭示了原住民族健康弱勢的課題：

胡幼慧等學者（1989），在一篇十分重要、研究臺灣山地鄉死亡型態與趨勢的論文中，對原住民健康弱勢問題批判性指出：「工業化所引起之社會解組問題，其中包括了各種與遷移、工業社會適應、職業災害、人際關係解組、疏離等（相關的問題）」（頁150）是原住民族健康不如一般臺灣民眾的主要原因。

同樣地，其他學者也不約而同提出經濟發展落後、性別、教育、醫療資源不足、經濟壓力、隔代教養、社經地位不平等、年齡、婚姻、職業位階等等結構性因素（如：趙怡惠　2003；趙善如等　2007；彭玉章等　2006；Wen et al. 2004）。《2020國民健康白皮書》中的原住民一章也提到，經濟及社會地位低落、快速社會變遷是原住民健康弱勢的結構性原因。總體而言，相對於責怪受害者的主流觀點，這些關注導致原住民健康弱勢的結構性因素的學者比較有批判性，也比較不會落入汙名化原住民的陷阱。

溫純芳說，基於為原住民健康把關，目前政府相關配套措施是透過行動醫院展開下鄉巡迴健檢，然而，她直指，以臺南市8,000多名都市原住民，高達5成比例集中居住永康地區來說，當地，同時有永康區的永康奇美醫學中心和安南區的安南醫院，醫療具備高度可及性，行動醫院所扮演的角色，是否能

發揮應有的效益？值得商榷。

另外一個值得探究問題是，現行健保資料庫其實並未特別註記原住民身分，原住民的健康議題一直以來雖有相關文獻探討，不過，政府實際作為有限，溫純芳舉例提到，政府補助四大癌症篩檢當中，其中針對口腔癌也放寬 18 歲以上至未滿 30 歲有嚼檳榔（含已戒）的原住民口腔癌篩檢，可是，實際上推廣成效不彰，一來，原住民族人除非健保卡使用族名，否則，健保卡並未註記原住民族身分前提下，醫療院所並不會去刻意提醒 18 到 29 歲之間的年輕人要進行口腔癌篩檢，不像國人一般癌症篩檢，適齡就醫的話都會有相關經驗，就是遇到醫療人員提醒今年度要做健檢，但原住民族青壯族口腔癌篩檢這部分執行就有難度。

總結來說，從這一整份調查研究可以得知，很多原住民不知道有就業津貼、求職管道等資訊，而在現行職業訓練方面，也應該考量回到部落生活所需的就業技能，如農業技藝可能比電腦來得實際有用。此外，也能從中發現，原住民的失業問題是因為學歷較低、自信心不足，碰到困難會逃避，只要一份工作沒有成功，就失去積極爭取其他工作的信心，但若要提升學歷，通常會受限於經濟能力及時間。

原住民族人工作機會受限於學歷，工作型態多為論件計酬，因此公司不提供勞健保，就沒有辦法受到福利的保障；另，

也由於工作薪資所得較低，原住民的家庭需要靠雙薪才能維持，且原住民子女數較多，更顯的家庭支出比一般民眾吃緊。另外，家長的工作時間長，連帶影響到陪伴孩子的時間，影響孩子教育問題。

「原住民都市化」是目前原住民人口流動及發展的趨勢，原住民族長期以來因都市化而流向各大都會區，都市原住民一詞應運而生，呈現與母體文化脫離的「族群群體」。都市原住民，原本並非官方的正式稱謂，學術界亦無嚴謹的分類標準，而是從原住民移居都市的知識份子倡議，泛指都市地區原住民，最早的名稱則為「都市山胞」。

「都市山胞」名稱始於 1970 年代初期，出現在當時基督教教會團體刊物，用以通稱臺灣北部都市地區的原住民，都市山胞一詞隨著原住民用辭演變，1990 年代後，則以都市原住民所取代。根據行政院原住民族委員會所述，「都市原住民」是指「居住在都會區的原住民」，根據學術用法，則應該是指「都市化」（urbanized）的原住民。

東華大學民族事務與發展學系教授施正鋒在《都市原住民二三事》一文提及，跟各國原住民族相仿，隨著經濟發展，族人逐漸遷徙都會區，甚至於高達人口半數以上，主要是因為原鄉缺乏較好的教育以及就業機會。本書論述僅著眼於「臺南市的都市原住民」，因此，可說開宗明義就已經定義了只侷限於

生活、居住於臺南市的原住民。事實上，若要詳細探究都市原住民定義，又是另一個課題了。

　　臺南市設籍的都市原住民人口背景則與上述理由較無具體因果關係。主要就是因為臺南並無漁業也沒有礦業，原住民族人遷徙來到臺南，就人口分布來說，永康、歸仁、新營一帶都有不少原住民族人，以永康、歸仁來說，主要是因為當地有眷村、歸仁輕航基地，新營則有糖廠跟紙廠的緣故。

　　就業機會制約了原住民的遷徙版圖。都市原住民畢竟不同於一般的都市民眾，由於具備了「原住民」這個異於漢人社會的身分，可想而知，不論是在求職或接受教育過程中，都可能承載著標籤化的刻板印象。

8

圖8：儘管臺南市並無原鄉部落，不過，副總統賴清德時任臺南市長時相當重視原住民族的相關活動。

圖9：原住民歌舞表演向來吸睛。

圖10：臺南都市原住民族人約僅8千多人，但臺南市相當重視原住民族相關福祉與權益，希望讓原住民族文化在都會區也能發光發熱。

第
一
章

你
是
哪
裡
人
？
原
住
民
走
進
都
會

圖 11：離開原鄉，傳統祭典多距離原住民族人遙遠，在都會區只能透過
特殊節慶儀式才能重現原鄉傳統。

圖 12：遷徙到都市的原住民族人，對於狩獵文化是陌生的，舉辦類似節
慶活動，連拿弓箭也需要專人加以指導。

圖 13：原住民族人學習、重現原住民傳統技藝，在都市中找到謀生契機。

圖 14：排灣族人參加札哈木樂舞集的表演。

圖 15：卑南族人參加札哈木樂舞集的演出活動。

圖 16：臺南市警察局 2019 年統計員警人數 4,232 人，其中，原住民員警只有 25 人，僅占 0.5%，顯得特別珍貴，圖為嘉南高屏區原住民警察同仁及眷屬員工親子活動。

圖 17：原住民就業服務專員在職教育訓練。

第三節　臺南原住民族就業現況

生活最根本的念想，無非是求得溫飽，安居樂業。

北漂、西漂或南漂，漂泊的背後，都有一個個或喜或悲的故事。

為了 4 個孩子「西漂」來到臺南打拚的阿美族及古・察吉，一直希望有一天可以將四個孩子接來臺南一家團圓，經由勞動部臺南就業中心推介她參加多元就業方案，到臺南市玉山原鄉全人關懷協會原夢飛揚計畫，成為原住民工藝職人，這個夢想，似乎也離及古・察吉愈來愈近了！

　　及古・察吉原本住在臺東部落，多年前，面臨丈夫突然過世的噩耗，失去家庭經濟支柱，她必須被迫獨自一人扶養四個孩子，然而，一家重擔毫無預警落在她的肩上，龐大經濟壓力使人沉重不說，加上缺乏職場經驗，她在臺東的工作及收入都不穩定，她體認到，臺東不比都會區，工作職缺選項少，她只能做些臨時務農的工作，貼補家用。

　　苦於收入始終不穩定，難以紓解經濟窘境。她經過反覆考慮，暫時將孩子托給娘家照顧，獨自一人來到臺南尋找工作。

　　不過，就跟多數離鄉背井的原住民族人一樣，因為學歷不高，面試時屢屢碰壁，遭公司質疑能力不足、欠缺工作經驗，無法順利找到一份穩定的工作，原本以為，在都市覓得工作後，就能盡快將孩子接到身邊一起生活的夢想，不只淪為奢想，甚至遙遙無期。

　　直到經由友人介紹來到臺南就業中心，經由就服員悉心諮詢發現，及古・察吉對原住民傳統手工製作一直都很有興趣，加上手藝甚巧，家中孩子每年參加豐年祭的原住民族服飾，就是由她親手一針一線縫製，及古・察吉說，親手把祝福化作美麗圖紋送給兒女，代表著原住民文化傳承的涵義。

　　循著這一條線索，就服員於是推介她到玉山原鄉全人關懷協會，擔任手工藝創作暨行銷人員工作，這個契機，進而為她的職涯打開一扇窗，「感謝勞動部多元就業開發方案協助及協

會願意接納原住民並提供工作機會。」

經過協會培訓與學習之下，及古‧察吉累積手工藝的色彩美學素養、車縫技能及銷售能力，豐富了自身的技能，而且，透過創作也為她帶來穩定收入，「等到錢存得差不多，就可以享受天倫之樂，不用再忍受跟孩子分離之苦。」

玉山原鄉全人關懷協會總幹事買秀珍表示，協會除了成立原住民工藝坊，也申請「多元方案——原夢飛揚計畫」，希望能夠保存傳統工藝文化，並提供原住民青年、婦女習得一技之長，未來，也希望培育原住民青年或婦女成為體驗課程的種子講師，協助推廣原住民工藝。

此外，原住民工藝坊也會持續朝永續經營的目的發展，藉著計畫幫助更多像及古‧察吉一樣來到都會謀職的原住民朋友，拉他們一把，讓更多原住民朋友離鄉背井都能夠順利謀生。

勞動部雲嘉南分署臺南就業中心主任胡瑞娟表示，透過了「多元就業開發方案」，108 年度創造 212 個就業機會，協助原住民或弱勢失業者培養再就業能力、重建信心外，也能創造在地就業機會，並讓都會區的原住民能在地深耕，永續發展。

原住民不乏具備手巧的技能，但未往往未必能順利循著天賦發展自己的職涯，及古‧察吉對於能夠擁有發展自己技能的工作，格外珍惜。

圖 18：來自阿美族的及古‧察吉，學習擺設原住民產品。

圖 19：及古‧察吉累積手工藝的色彩美學素養、車縫技能及銷售能力，豐富了自身的技能。

圖 20：及古‧察吉透過創作帶來穩定收入。

圖 21：傳統部落祭典僅能返回原鄉才能體現，臺南市為傳承原住民部落傳統文化精髓，將部落傳統祭儀搬到都會區。

圖 22：臺南市原住民人口以排灣族人最多。

圖 23：臺南市原住民人口以排灣族人最多，南市府將排灣族傳統祭典搬進都會區。

圖 24：排灣族男子頭飾。

　　根據行政院原住民族委員會調查報告指出，教育程度是影響原住民就業和收入的關鍵。儘管，近年來原住民整體教育程度已明顯提升，不過，總體來說，接受專科、大學以上高等教育的比例仍偏低，2007 年原住民族委員會調查資料顯示，一般民眾專科教育程度占 13.2％、大學以上占 21.2％，而原住民教育程度為專科者，僅有 6.5％、大學以上 8.7％，教育程度自然也反映了就業型態、乃至於薪水多寡的差異。

　　從臺南市政府從在地原住民為出發點，所作的統計分析則顯示，臺南市原住民工作比例，在不同性別、年齡、教育程度、

婚姻狀況之間存在顯著差異；但在不同族別、全家平均月收入、家庭組織型態、宗教信仰、房屋所有權、最常用語、行政區及都市化程度之間則無顯著差異。

以性別來看，有工作的比例，以男性的 73.94% 高於女性的 60.40%。不同年齡有工作的比例，則以 30 歲以上未滿 35 歲的 84.20% 最高，其次是 25 歲以上未滿 30 歲，以及 35 歲以上未滿 55 歲的 72.80%，至於就業率最低者，以 60 歲以上的 17.02% 最低。

至於教育程度與有無工作的關聯性，單從比例上來看，以國（初）中以上學歷的 71.02% 遠遠高於小學以下學歷的 41.00%；而就婚姻狀況角度來看，有工作的比例，喪偶者僅有 31.01% 有工作，遠低於其他婚姻狀況的 68.44%。

至於對目前工作滿意度，有工作的臺南市原住民當中，則有高達 83.22% 對目前工作表示滿意（包含非常滿意 11.74%，還算滿意 71.48%），遠高於表示不滿意者的 16.78%（包含不太滿意 15.70%，非常不滿意 1.08%）。

探討最想從事的職業別來看，臺南市原住民最希望從事的職業為服務及銷售工作人員，占 17.40%，其次是技藝有關人員 10.99%、基層技術工及勞力工 10.67%、技術員及助理專業人員 9.51%、事務支援人員 9.43%、專業人員 8.99%，但是，也有 15.12% 表示不想工作。

　　而與多數平地人無異的是，其中最希望去哪些單位工作，以「公部門（政府及公營事業單位）」及「民間企業」的比例最高，各有 23.90% 及 19.76%，其次是「教育部門（學校）」的 4.25%，以「非營利單位」的 1.27% 最低，而有 45.29% 的原住民表示「只要有工作都可以」。

　　臺南輔導原住民就業的相關服務措施不少，臺南市政府勞工局職訓就服中心設有原住民專區，其中，每年固定舉辦 4 場以上就業服務講座，深入原住民聚落教會、前進校園，以及結合設有原住民專班及原住民資源中心等大專院校辦理，邀請專業講師針對原住民需求，講授就業職能、求職及面試技巧等相關就業資源與創業資訊等。

　　公部門投入資源輔導原住民就業之外，民間也成立有類似機構、團體，為原住民提供相關服務。

　　社團法人臺南市都會原住民服務協會，即是基於促進臺南市各社團協會之長者與年輕族群之間文化及經驗傳承，是一個於都會中建構部落傳統型式的原住民青年會，啟發都會原住民青年對其民族身分之自我觀念，提升社會競爭力。

　　該會理事長高綉宸指出，協會於臺南縣市合併後在 2011 年 9 月成立，協會向當時的勞委會申請計畫，提供原住民多元就業機會，儘管，職缺屬於一年一聘的就業計畫，但一年下來，在協會接受培訓的原住民在日後就業普遍順利，尤其，歷

年來，已有 5 位當年培訓的就業人力接軌到公部門上班，薪水待遇平均約有 30K 以上。

此外，協會也固定會參加臺南市各大學舉辦的校園就業博覽會，一來瞭解學生對勞動市場趨勢的敏感度及就業需求，再者，也觀察目前企業和雇主們需要什麼條件和類型的員工，透過瞭解雙方需求，達到媒合目的，並解決雙方問題。

她也發現，時下年輕人關於就業多半很有想法，態度也相當主動積極，卻忽略提升自我能力與經歷的重要性，多數習慣在求職時挑工作，卻忘了其實是工作在挑人才，應先求有再求好，先得到工作機會，再慢慢將提高收入，循序漸進，在穩定中求進步。

她指出，從 2012 年至今，大臺南地區的原住民族求職者，透過該會媒合的數字已經破千人，約 6 成媒合成功者的學歷仍為大學畢業，結果顯示大學文憑普及化，因此，將來學歷勢必將不會是雇主遴選人才的唯一條件，因此，重要的會是能力與經驗的累積，畢竟，學歷可以透過後天再補強，所以，如何證明自己的社會價值，才有助於自己找到一份能穩定從事的工作甚至是事業。

根據原住民族委員會公佈的《105 年原住民族就業狀況調查》年度報告書，顯示在 2016 年原住民勞動力人數有 25 萬 8,112 人，勞動力參與率為 60.87%，較 2015 年平均的 59.35%

上升 1.52 個百分點，原住民失業率 3.95%，較 2015 年平均 4.13% 下降 0.18 個百分點。

　　端詳這樣的數據，原住民的就業情況看起來似乎已經朝向較好的局勢發展，不過，當前另一個考驗是，目前的主流產業傾向高科技、知識經濟等高階服務產業，當產業結構產生了此一重大變革，原住民族群並不屬於高科技或知識經濟的一群，迫於受限欠缺學歷、能力和經驗的不足，職業選擇類別受到箝制，仍可能會被區隔到從事勞力替代性較高的工作。

　　儘管，整體上說來，過去 2、30 年間，原住民族群在教育、就業都已較早年提升，但臺灣產業也已經不同於以往，目前雖無具體數據顯示，都市原住民在經歷上一波、1989 年大量引進中國、東南亞等外籍移工衝擊後，在臺灣經濟轉型的當下，都市原住民是否再度受到衝擊？但可以推論的是，整個產業鏈出現結構性的改變，對於原住民渴望透過穩定就業以提升個人社經地位或收入，都是一種挑戰。

二、原住民就業狀況

　　依據 2002 年「臺灣地區國內遷徙調查」結果，遷徙勞動力為 99 萬 6 千人，其中，就業者遷徙率為 9.68%，而根據原委會所做調查顯示，原住民勞工到外縣市工作遷徙率則為 27.6%。43 萬名原住民多當中，居住在原鄉地區為 34.79%（15

萬 2,013 人），山地鄉為 36.41%（15 萬 9,102 人）；平地原住民為 28.8%（12 萬 5,829 人）。

根據主計處統計，1987 年前，產業結構以二級產業為主，到了 1988 年，三級產業首次超越 50%，直到 2003 年 7 月止，服務業則已佔 57.8%。

臺灣經濟結構從以農業為主，來到 1950 年代，當時政府採用「進口替代政策」，以利於發展國內輕工業。依據 80 年代調查，原住民曾經有移動經驗的約占 60%，移出原因幾乎都與教育、工作有關，再者，山地鄉近十幾年來流失人口不斷增加。

行政院原住民委員會於 1998 年委託學界完成「都市原住民生活輔導計畫評估研究」，報告中指出，1962 年前，在臺灣遷居都市原住民的原住民人數不過數百人，到了 1983 年，30 個山地鄉全年移出人口 4,000 人，若再加上因工作因素而短期前往都市謀生的人口，遷移規模就更大。

原住民遷徙都市而居，但是否有相對應的工作機會與報酬？

根據行政院原民會 2011 年「原住民就業狀況第二次基本調查」顯示，原住民整體勞動參與率達到 59.78%，高於一般民眾的 58.11%，而原鄉（山地鄉、平地原住民鄉鎮市）的勞動參與率 58.4%，非原鄉原住民投入勞動市場的勞動參與率

（61.72%）較高，不過，整體原住民勞動者平均薪資卻僅有15,930 元，相較於全國受雇者平均月薪 44,430 元，兩者差距甚遠。

而，最新一份調查中，《107 年第一季原住民就業狀況調查報告》顯示，原住民就業者每人每月主要工作收入平均為 2 萬 9,768 元，與行政院主計總處所公布的《106 年人力運用調查報告》中的受僱就業者平均每人每月收入平均 3 萬 7,703 元相較，原住民收入仍較低。

回到前述論調，正因臺灣經濟產業出現結構性變革，不無衝擊原住民就業，當就業不穩固，隨之而來的就是失業問題。

監察院針對原住民失業率攀升問題，自 2010 年立案調查、糾正原住民族委員會，在持續追蹤 5 年後，發現原住民失業率已由 2009 年的 8.69%，降低到 2014 年底的 4.05%，期間，隨同全國失業率降低，原住民失業率隨之下降外，原住民失業率與全國失業率的差距也跟著縮減。

監察院表示，原住民失業問題經監察院提案糾正後，原民會為避免資源重疊並與勞動部職訓計畫區隔，推動原住民職業訓練運用計畫，在 2012 年培訓 760 人，2013 年培訓 917 人，2014 年培訓 923 人，培訓後的就業率也由 2008 年的 55.7%，到 2014 年已經提高到 74%。

此外，勞動部配合原民會推動促進原住民就業方案，2012

年培訓 2,051 人，2013 年培訓 2,288 人，促使更多原住民擁有就業專長。經持續監督追蹤，在實際輔導就業人數方面，原民會透過原住民就業服務員在 2012 年成功媒合 3,607 人就業，2013 年成功媒合 3,899 人就業，2014 年成功媒合 3,461 人就業，累計 3 年成功媒合 1 萬 967 人就業。原民會結合各部會推動的促進原住民就業方案也在 2014 年協助 1 萬 1,975 人就業。

對於尚未完成就業的原住民，原民會在 2012 年追蹤關懷 3 萬 8,742 人，2013 年追蹤關懷 4 萬 2,514 人，2014 年追蹤關懷 4 萬 315 人，3 年合計完成 12 萬 1,571 人追蹤關懷。

監察院指出，提振原住民就業率，是讓原住民擁有釣竿的重要對策，原住民就業至今仍然面臨工作型態易受外部經濟環境影響而失業可能性偏高、依賴政府提供的臨時性工作恐不利於人力資本的發展等問題，監察院將持續監督有關機關，共同減少原住民失業率。

成功大學一份調查研究針對如何幫助原住民進入職場穩定工作，報告提及多個面向，首先，關於職訓，原住民對「職業訓練」的意義及需求並未充分瞭解，而且，原住民普遍認為，職業訓練缺乏實質幫助，因此，對於職訓練課程興趣缺缺。

此外，透過研究也得知，原住民礙於「無法配合職訓上課時間」而不想參加職訓居多，研究亦指出，高達 9 成的原住民從未參與過職訓。

　　原民會依據歷年「原民就業狀況調查」結果，於 2012 至 2015 年皆訂定各年度「原住民職業訓練運用計畫」，2012 年至 205 年結訓人數共計 3,309 人，受訓學員訓後實際參與就業市場比率，2014、2015 年分別達到 74% 與 80%。

　　勞動部勞動力發展署各分署「原住民專班」，2013 年度協助原住民參訓計 4,507 人，訓後就業率 64%；2014 年度協助原住民參訓計 442 人，訓後就業率 70%，2015 年協助原住民參訓計 3,424 人，訓後就業率 77%。

　　這份數據也顯示，就職訓練能幫助原住民更有能力去完成工作，並提高薪水。另外，在就業升遷方面，都市原住民因為普遍教育程度較低，而且雇主常感受到原住民工作不穩定性、缺乏技能技術性，以及轉換工作性的意識強烈，原住民時常在升遷機會中被剔除。

　　本身是阿美族的臺南市都會原住民協會理事長高琇宸表示，過去曾多次實際參與原住民就業卻不時遇到「雇主投訴」。她說，通常最多投訴例子是雇主反映「找不到員工」、「請假太多」。

　　她說，她自己接觸過幾次案例，是原住民員工因為要返回部落參加豐年祭而告假，對於祭典的堅持確實是原住民很重視的一項傳統，但，卻有少數原住民會發生回去部落飲酒作樂，「忘了」回到工作崗位，抑或是玩到樂不思蜀，就連向公司請

假也省略，造成曠職太多的紀錄。

高琇宸說，這些類似例子其實不少，而且不是個案，這也反映原鄉部落文化跟都會區的差異性，一般平地人在考量工作或參加其他傳統慶典，都還是會選擇屈就現實的框架，但原住民向來生性不愛受到約束，為了參加豐年祭而暫離工作崗位，也往往不以為意，看在一般雇主眼中，泰半是難以接受和理解的。

依照行政院原民會 2007 年資料指出，原住民失業率偏高原因多為本身工作意願不高、需要照顧家庭、就業資訊管道不足與地處偏遠、交通不便等因素，再者，一般民眾對原住民生活習慣的刻板印象下，也導致企業界較少有意願僱用原住民。

因此，為了協助原住民及偏遠地區失業者就業，政府相關單位每年投入大量資源，推動發展在地產業，以在地就業機會開發之方式，協助原住民失業者在地就業。

國立中正大學一份針對雲嘉南都會區與原鄉阿里山區原住民就業型態探討指出，都會區原住民主要從事製造業、營造業、服務業及餐飲服務，工作性質大部分屬於臨時性不穩定工作，而阿里山原鄉原住民則以採茶、筍子、山葵、愛玉子及政府的臨時工為主。而臺南市永康地區原住民工作者都是從外面搬進市區，大部份是從臺東、屏東過來定居於此，普遍認為都市有較多工作機會沒錯，然而，相對地，競爭也比在原鄉部落

高出許多，因此，生活並不一定能過得比較好，當中也不乏有人傾向，如果可以，寧可留在自己熟悉的地方工作。

而相較於外界認為，原住民多只能從事底層勞務工作，來自於原住民內心的聲音，則是因為他們比較喜歡從事臨時性、季節性的短期工作，「因為無法接受被束縛的感覺，與其被束縛，還是比較喜歡自由自在的彈性工作空間」，這樣的背景與因素，使得原住民較無法長期擔任固定性工作。

此外，在原鄉地區原住民所從事的工作內容多半性質僵化，不外乎是從事基層粗工及農業採收，至於，身處都會區的原住民則擁有較多元的工作型態，只是，多數脫離不了基層勞力工作，本質上看起來兩者也幾無差異，在優劣之間權衡之下，得失其實竟難以論斷了。

第四節　山地原住民／平地原住民差異

一樣是原住民，同樣都是居住於都會區，但你知道，原住民其實還分成平地與山地原住民嗎？

《典藏臺灣史臺灣原住民史》一書中載明；基於施政的必要，臺灣省政府在 1954 年 2 月 9 日在法令上訂定所謂「山地同胞」的範圍，即：凡原籍在山地行政區域內，而其本人或父系直系尊親屬（父為入贅之平地人者從其母），在光復前日據

時代戶籍簿種族欄登載為高山族（或各族名稱）者，稱為山地同胞。

根據《原住民身分法》，1945年之前原籍在平地行政區域內（即原住民山地鄉以外區域），且戶口調查簿登記其本人或直系血親尊親屬屬於原住民，並申請戶籍所在地鄉鎮公所登記為平地原住民者，為「平地原住民」。那麼，何謂山地原住民？臺灣光復前原籍在山地行政區域內，且戶口調查簿登記其本人或直系血親尊親屬屬於原住民者。

原住民族在平地的分布包含了哪些族群？「平地原住民」包含屏東鄉牡丹鄉的阿美族、臺東縣蘭嶼鄉雅美族、卑南族、邵族、噶瑪蘭族、撒奇萊雅族，還有苗栗南庄鄉和獅潭鄉的賽夏族，新竹關西鎮與苗栗南庄鄉的泰雅族、屏東滿洲鄉、臺東太麻里鄉、大武鄉、卑南鄉、東河鄉及臺東市的排灣族、臺東縣卑南鄉的魯凱族、臺東縣長濱鄉、花蓮縣瑞穗鄉的布農族。

原住民在山地的分布則包含了新北市烏來區、宜蘭縣大同鄉、南澳鄉、桃園市復興區、新竹縣尖石鄉、五峰鄉、苗栗泰安鄉及臺中市和平區的泰雅族，花蓮縣秀林鄉、萬榮鄉、卓溪鄉的太魯閣族，花蓮縣秀林鄉、萬榮鄉、卓溪鄉的賽德克族，新竹縣五峰鄉的賽夏族，南投縣信義鄉、嘉義縣阿里山鄉的鄒族，南投縣仁愛鄉、信義鄉、高雄市那瑪夏區、桃源區、茂林區、臺東縣延平鄉、海端鄉、花蓮縣萬榮鄉及卓溪鄉的布農族，

高雄市那瑪夏區的卡那卡那富族、高雄市那瑪夏區、桃源區的拉阿魯哇族等。

　　簡言之，國民政府來臺初期，將原住民的稱呼改為「平地山胞」和「山地山胞」，直到 1994 年的原住民文化會議，「原住民」一詞才真正確立。現今的《原住民身分法》由 1945 年為分界點，法條將臺灣光復前原籍在山地行政區統稱為「山地原住民」，臺灣光復前原籍在平地行政區統稱為「平地原住民」，即使是家族後來搬遷或是分家也不會改變，統一追溯到 1945 年時的區分，若遇到父母一方為山地、一方為平地原住民的情況，則由從父姓或母姓決定身份別。

　　根據統計，目前平地原住民總人口數約為 25 萬 3 千人，其中，高達 20 萬人是阿美族。而大部分的原住民族均有跨鄉鎮分布的情形，部分原住民族則因同時分布在山鄉與平地，甚至是同屬一族卻有山地、平地原住民的身分之別。筆者訪談過程中屢屢問起原住民受訪者：你是山地原住民還是平地原住民？總是得到「其實我也不清楚」的答案，這樣的矛盾也存在於雖然身處都會區，卻還是山地原住民，「不在山地卻是山地原住民」讓人頗感錯亂。

　　不過，近年也有一些聲浪，質疑「平地原住民」／「山地原住民」是否為一種不合理的分類？畢竟，1945 年以後中華民國政府將原住民分布地區分為「平地鄉」與「山地鄉」，將

原住民依照行政區域分為「平地原住民」和「山地原住民」，但，前者直到 1983 年才開始有原住民保留地。許多族群被一分為二，許多選舉例如縣市議員和立法委員選舉都以「平地原住民」/「山地原住民」的分類規定名額，人數較少或是被分割的族群常常很難選出自己族群的代表。

即便原住民有「山地」與「平地」之分，不過，權益上則是沒有差別的。根據臺灣立法委員選舉制度，原住民立委佔總席次 113 席中的 6 席：山地 3 席、平地 3 席，為了防止人口多的族群產生席次「一族獨大」的情況發生，所以將原住民以二元法方式分類進行投票。

然而，「山地」與「平地」之分看似是以原住民原居住地地形來做區分，但在行政院所公布的分類圖表內可以看出，位於離島的蘭嶼也被歸納為「山地」原住民，而花東縱谷一帶被歸類為「平地」原住民，這是因為位於東部地區的阿美族人口眾多、而在南投宜蘭周遭的泰雅族也為多數，為了平衡人口數，才有此分類，並不是指真的住在「山地」或「平地」。這也是為何同樣出生在都市的原住民，戶口名簿上依舊有「山地」及「平地」的區分。

目前，臺灣具有原住民身份的原住民個人被區別為「山地原住民」與「平地原住民」，此種分類與「平埔族」與「高砂族」的劃分不同。目前為官方所承認的十六族原住民族中，僅

有噶瑪蘭族屬於平埔族，且僅包含原本被日治時期人類學者誤為阿美族而日後取得原住民身份的噶瑪蘭人及其子嗣，至於原本被日人劃分為平埔族，而目前不具有原住民身份的族人並不因為噶瑪蘭族取得民族地位而改變其非原住民身份。

原住民族人離鄉背井來到都會而居，主客觀因素都不脫經濟、婚姻。向來，我們習慣以都市叢林來形容自己身處的環境，對於多數人而言，這一座叢林涵蓋了各種豐沛而精采的文化也有多元族群，原住民、新住民、漢人等，他們不約共同在這座叢林中，迸發各種可能性。然而，美其名的融合、包容，卻不可否認，原住民族群與文化的主體性，其實在經年累月之下，日漸被稀釋，更甚者，是面臨消逝。

昔日來自山林原鄉部落的原住民，因為經濟、工作、婚姻等種種因素驅使，遷徙至都市生活，目前，全臺灣原住民族人口總計約 56 萬人，超過 4 成（甚至更高）比例人口，居住在都會地區。不過，「4 成」原住民族人在都會生活的計算方式，其實普遍被視為過於保守。實際上，原住民族人在都會區生活比例遠遠高出這個數字，有一說是大概有 7 成，只是原民族人仍選擇將戶籍歸戶在老家，而未跟著遷徙到都會區來，因此，都會原住民的實際居住人口顯然仍是被低估的。

原住民，是你我生活中耳熟能詳的族群，抑或該說是一種身分表徵，然而，一般人對原住民的認知卻往往流於表面，諸

如「原住民很會唱歌跳舞」、「善於飲酒」、「五官輪廓深邃」、「很會打獵」等等刻板印象，反過來說，也有原住民因為膚色太白、不諳族語，反而被質疑，「你怎麼會是原住民？」

何謂真正原住民？關於族群定義，字面上有既定詮釋。根據維基百科所述：「原住民族群的認定，最初以移川子之藏的分類為基礎，建立 9 族的族群分類。1998 年原住民族委員會成立後，開始制定認定辦法並執行，欲達到認定完成，須向原民會提出申請，並考究其族群存在之證據，以及完成一定數量族人之署名，經行政院核定後，政府即合法保障該族群的利益和權利。

此規範能使統治政府歸類之族群以及未識別族群因經過考究得以回覆正名其傳統。截至 2014 年 5 月，政府已經完成認定 16 個族群。」

原住民族一詞有其定義，但對原住民本身而言，身為原住民一份子，情感上是很難以用文字精確詮釋的，因為內涵往往難以用三言兩語道盡，再多生硬的文字詮釋，也未必能給他們的身分定義出一個標準答案。

儘管如此，世俗卻有很多「想法」加諸其上，加以這幾年來，不少娛樂綜藝節目或媒體相關報導為求「吸睛」或爭取點閱率，屢屢以幽默手法呈現原住民軼事，於是，在媒體推波助瀾下，社會大眾對於原住民的印象還多了「愛講笑話」、「懶

散」、「愛喝酒」等負面標籤。

數十年來，歷經一、兩個世代的遷徙流轉，原住民離開部落原鄉，走進平地、都會區落地深根。離開原鄉部落，無非是為了因應時代變遷及生活條件等務實條件考量。原住民離開原鄉而居者，占了絕大多數，不論他們是出於被迫或自願性離鄉背井奮鬥，選擇在都市落腳，求學、工作、生活，戮力展開人生新頁，不可諱言，原住民的各種標籤在他們的人生不同階段，或多或少如影隨形。

都市原住民從原鄉遷徙至都會區，從接受的文化教育、考試升學、求職都與你我一樣，不同的是多了一個原住民族身分，脫離了原鄉的根與記憶，對於原住民的身分認同與情感，也是本書將聚焦探討的課題。

訪談過程當中不難發現，離開原住民部落來到都市居住、生活的都市原住民，受到環境變遷影響加上文化語言等隔閡，原住民後代多數身分上的獲得，是「被動」來自於父母的告知而產生意識抑或是外貌（五官輪廓鮮明者）使然，以及官方給予「認證」，而非坐實了自體原鄉母文化的基礎之上，甚至，也因為擁有社會福利，因而被貼上僅是為了獲得政府給予福利而取得身分。

諸如筆者求學就曾遇過有原住民同學在升學考試中獲得加分，私下卻被質疑「只享受原住民身分卻無原住民文化基礎」

的說法，這也使得原住民對於自我身分，始終存在矛盾情懷。

再者，長時間身處在漢人文化中，打從識字以來，便是浸淫在漢人文化的教育環境中成長，都市原住民對於原鄉文化可以說是既陌生又情怯的。尤其，身處都市水泥叢林中，即使有心想要學習、親近原住民文化，卻缺乏接觸原住民文化的機會與場域，加以被漢人同化的趨勢，「我是原住民」一詞，之於都市原住民族人而言，成為說來輕鬆，但當更進一步思考與深究，卻還是隔了一層距離。

第二章

從原鄉出走的遷徙路—臺南成了第二個「家」

　　臺南除了西拉雅族人聚落之外，並無其他山地或平地原住民的部落，原住民族人之所以遷徙至臺南生活，多緊扣著工作機會、經濟、婚姻等因素，不同族的「島內移民史」則大異其趣。

　　遷移到臺南的族人，追溯起來，為了工作遷移到這裡佔了大多數，女性除了工作，則泰半是因為婚姻的緣故。也因為多數人並非整個部落一起遷徙、離開原鄉部落，因此，各自散居落腳臺南的不同行政區，其中，有高達 4 成集中居住於永康。

　　實地訪查永康區的原住民族人有來自阿美族、排灣族、泰雅族、布農族、鄒族等，追根究柢，永康區早年因為永康坐擁工業區，工業區裡工廠林立，原住民自然而然趨向於鄰近工作地覓屋而居，時日一久，便也就定居臺南了。

　　其中，最值得一提的是，永康區福山門教會當地的「小古華」部落，根據教會統計，教友當中高達 9 成 9 比例全數都是在大成長城企業股份有限公司上班，主要都是負責宰殺雞隻的勞力工作，當中，彼此都是親友關係，有的還是父母一輩在工廠上班，日後也引薦手足及下一代進入同公司工作的例子。談到臺南原住民群居範例，首要不得不提的就是依附在大成長城

公司的小古華部落。

　　另外，歸仁區的歸農教會周邊也自成一個布農族微型聚落，當地約有近 20 戶布農族人比鄰而居，但規模則不若小古華部落龐大。至於為數眾多的阿美族人，遷徙到臺南的軌跡不盡相同，不外乎工作、婚嫁甚至是全家族一起遷徙。

第一節　復刻家鄉永康「大成小古華」部落

　　對於家鄉的懸念，除了遙想，有的人則是在異鄉重新復刻部落；永康區就有這樣一個「古華部落」，來自屏東古華部落的排灣族人，因為永康區的大成長城提供工作機會，讓大夥得以溫飽三餐，於是，族人們一個揪一個，呼朋引伴來此工作，形成古華部落排灣族人遷徙至臺南謀生，自成一格的原住民小型部落。

　　全盛時期，約有 100 多位排灣族人同時在大成長城上班，這些人也在此形成家庭，生兒育女落地生根，甚至，下一代也繼續進入大成工作，不過由於生產線有變動，目前仍在大成長城工作者，則僅約 10 餘人。

　　古華部落遷徙來到臺南，有其特殊的時空背景與過程，因為一場颱風帶來災變，家園破損的排灣族人被迫離鄉背井尋求重新出發的契機，6、70 年代賺錢溫飽，是臺灣經濟尚未起飛

之前的大環境使然。

福山門教會長老、現年 65 歲的方明勝，就是這一波遷移潮的一員，也是小古華部落的第一代元老級成員。方明勝於民國 66 年在表姊兒子牽線下，來到臺南大成長城工作，一待就是 40 多年，退休後接受回聘，目前仍在大成長城服務，他回想近半世紀離開家鄉的故事，記憶猶新。

他說，民國 61 年 7 月 22 日，風雨交加的莉泰颱風侵襲屏東春日鄉排灣族古華部落，全村三分之二都被土石流沖毀。當時人在阿蓮木業公司當學徒的他，從新聞得知家鄉淹沒在土石流的消息，趕回部落，已經沒有家了，雙親和家人都被安置在學校。

家園的崩毀，讓原本擔任學徒的他體認到必須更賺更多家，安頓家人，於是來到臺南大成工作。他說，古華部落淹沒在土石流災難之中，這其實是第二次離開家園，在這之前是民國 34 年，雙親和家族離開祖先居住的屏東枋寮溪的溪頭遷移到古華，到現在，他們尋根還是會回到溪頭，當地至今仍留有石板屋。

因為日本殖民之故，大肆砍伐森林，原始居住在溪頭部落的族人只得往平地（古華）遷徙而居，而今，溪頭部落湮沒在森林中，古華部落則毀於土石流，方明勝說，莉泰風災之前，在木業工廠學習木工手藝的他，志在傳承父親手藝，當時他已

經能夠獨立製作木桌木椅等，因為眼明手快，很受老闆器重賞識。

災變一夕之間發生，當他回到古華只見父母和鄰居們只能克難在避難所棲身，他只有一個念頭，就是必須賺更多錢幫助家人，所以跟著姪兒來到臺南的大成長城。放棄原本希望能夠從事的木業手工技藝，方明勝沒有二話，因為，賺錢是最現實且務實的事。

「以前在山上不是固定有飯可吃，尤其到了下雨天，更不知道吃什麼，家裡木材都濕了，還要起火，生活很苦；我到現在還記得很清楚，只要上學就會刻意把饅頭省下來，帶回家給爸爸媽媽。」方明勝成長的歲月，溫飽一餐並非易事，困苦的生活讓他體認腳踏實地是首要的事。

「那個時候，要吃一頓飯很不容易，多虧部落教會有救濟品，有牛奶、麥片可以領取；以前到了冬天，天氣很冷的時候就窩著爐灶取暖、睡覺，一直到小學四年級，家裡才終於有電⋯⋯」，方明勝一語道盡早期原住民生活的艱困。

正因為有過去刻苦生活的經歷，當家鄉部落面臨風災之難，方明勝能做的就是跟著親戚來到臺南找份穩定而安逸的工作。剛進大成長城時，他先是做基層雜工，後來跟著公車司機跑車（因為薪水較高），長達 10 年之久，然而卻得過著早出晚歸的生活。

　　他還記得，當第一次拿到薪水約 2、3,000 元時，非常興奮，自製了一個奉獻袋，把所有的錢都存進去，多數寄給家人，只留一小部分錢在身邊過活。他說，當時看一場電影才 2 塊，2、3,000 元對一個年輕人來說，是一筆不小的收入。

　　方明勝回想，族人任職大成長城在鼎盛時期有 75 位一起共事，大家下班後就會固定聚會，互相打氣、扶持，「大家都從同一個部落而來，如今一起在這裡工作，就像是家人一樣。」他說，常被人問起，為什麼大成都是古華部落的人？而沒有其他部落族人？他認為，應該與部落族人凝聚力很強，一有工作機會就會為親友引薦，這是部落人與人之間緊密連結所致。

　　方明勝一路從最基層捆工做到副廠長，是族人當中位階最高者，甚至就連兒女也都在大成服務，一家都是大成人。隨著族人們擁有穩定的收入，結婚生子後也搬出原本居住的工廠宿舍，造就永康當地「小古華」聚落。

　　隨著族人們工作上軌道，生活日益穩定後，族人們也開始在社區尋覓適合的場所做禮拜，「不能不作禮拜啊，以前在部落都固定做禮拜的！」信仰之於族人是約定俗成的必備事項，更是穩定心靈的良方。

　　方明勝說，起初，幾個族人們先是在一個教會姊妹家中四合院固定聚會做禮拜，到了 1984 年，就開始尋覓合適場地成立「古華教會臺南分會」，眾志成城，在都會區凝聚族人共同

信仰，不只一起做禮拜，也會一起在此打羽球、聯誼感情。一直到了 1991 年，屏東古華教會的母會教師每 3 個月會固定來臺南一趟進行佈道，並有了自己的牧師。到了 2016 年 5 月 21 日，在族人共同發心之下，終於設立臺灣基督長老教會福山門教會，成為在地族人的信仰、情感和認同中心。

這一段歷程，見證了大成與古華的緊密連結。

根據民族事務委員會調查，古華部落族人到大成農工工作的全盛時期有 70 多人，半世紀來，有些人退休回到部落，有些人選擇留下來，原鄉的羈絆和第二代的傳承，成了他們迫切面對的課題。

方明勝一直以來，始終維持每個月開車回到屏東部落探視家人的習慣，對他而言，這裡（臺南）是家、屏東也是家，更是家族的根，部分家人一直待在部落，之後，他也打算退休後就回到屏東長住。

「一晃眼就好幾十年，我們原住民族人剛到公司的時候很受歧視，初來乍到也是被欺負過，我自己本身很少被欺負，但身邊族人常會遇到，我的興趣是跑步，可能人家打我，我追給他們跑也追不到吧（笑）！」方明勝說，整個古華村莊的族人大約有 8、9 成都來過大成工作，他自己妻子的兄弟姊妹跟他自己的小孩，就都在大成上班工作。

「我還有家人在原鄉，弟弟、妹妹都還在屏東，我一個月

會固定回去兩、三次，家人也期待我能回去，那是我的根啊！我來臺南，父母一直還待在屏東，他們還在世時，我就會專程買回去給他吃，能夠跟老人家在一起吃飯，我很珍惜！現在，還有我的岳父在屏東，知道他喜歡吃什麼，我就買回去。」

　　民族事務委員會表示，古華部落在臺南永康已有 100 多人，不過，截至 2019 年僅剩 12 人還在大成工作。民族事務委員會也於 2019 年 8 月起陸續訪談 10 多名古華部落族人，紀錄下他們半世紀以來，在臺南留下的足跡，並拍成紀錄片。

　　「為了生存，他們從部落來，在異地扎根重生……」由臺南市政府民族事務委員會所策劃的「大成小古華」紀錄片，透過田野採集與深度訪談，發掘這群移居臺南的原住民族人生命故事，並記錄他們在都會區如何與原鄉持續連結，著力文化傳承與扎根的工作。這一段刻骨銘心的遷徙歷程，如何將他鄉變己鄉，凝聚與認同在地意識，透過一系列紀錄短片呈現，期待讓更多民眾從不同的角度去認識在臺南生活的族人。

　　紀錄片從信仰、經濟、女性、二代、返鄉等五個不同面向，觀察古華部落這個猶如多數原住民族人移居都會區的縮影，故事情節雖不盡相同，但，卻都道盡了原住民族人走進都會的箇中滋味。

　　其中爬梳的經濟視角，也從大成飼料工廠所扮演古華族人的重要支柱進行闡述，率先進入大成的方明勝無疑就是這個故

事的男主角。他一路從最基層的捆工做到副廠長，期間，歷經鼎盛時期一度高達 70 幾位族人共同在大成共事，彰顯了大成與古華的緊密連結。

　　另外，信仰視角則記錄昔日古華教會永康分會（現更名為福山門教會），如何在這數十年間，凝聚族人的情感與認同，穩定這一群離鄉背井、辛苦打拚的靈魂。

1

圖1：福山門教會固定有青少年在這裡團練。

圖2：方明勝擁有一雙炯炯有神雙眼，身處他鄉，身為長老的他讓很多族人倚賴。

圖3：福山門教會成立背後是一群小古華部落的族人，眾志成城的心力。

圖4：方明勝是教會的指標人物之一。

第二節　婚嫁成為臺南人

一、老兵、原住民女性聯姻的故事

來到異鄉成為臺南人的原住民族人，除了經濟因素，有很重要的一個面向是婚姻；因為婚姻而走進都會的原住民族人涵蓋各大族群，戀愛成婚的自然不少，但把時空往前挪到近半世紀之前，約莫 1960 年代末至 1970 年之間，有一個現象值得探討的，就是原住民族女性嫁給外省人。

當時從中國大陸大舉來臺的軍人，受限於政府法令而無法踏進婚姻，直到 1959 年政府法令才鬆綁，但這時多數人已過了結婚年紀，於是，到鄉下到部落尋找年輕女子成婚者，不在少數。

彼此語言不通、生活背景迥異，年齡亦懸殊，根據研究調查，1971 年以前與原住民族人結婚的外省男性，平均年齡比妻子年長至少 10 歲以上，原住民女子因經濟處於弱勢而嫁給外省人，「老少配」成為「那個年代」的時空背景下的一種婚姻模式，也因此交織出不少讓人感嘆亦感佩的故事。

1984 年的電影《老莫的第二個春天》，內容敘述隻身隨部隊來臺的退伍老兵老莫，見同僚娶了山地姑娘，也花錢買了一個山地姑娘玉梅。劇中，這段婚姻過程經歷許多考驗與磨

難，雖以喜劇做結尾，但電影卻也明白點出了「老少配」背後深層的大時代喜悲。

父親是外省人、母親是排灣族的作家利格拉樂·阿𡠓，在她的散文集《誰來穿我織的美麗衣裳》收錄《眷村歲月的母親》，筆下述說的故事，就赤裸裸揭示了外省老兵與原住民姑娘婚姻的真實寫照。

六○年代是許多外省老兵心碎的年代。在知道反攻大陸無望，老婆、孩子都在彼岸，不知道何時才能跨過這一條又深又險的「黑水溝」，探一探老家一切可安在？更不知道甚麼時候會客死他鄉，無依而終？於是都想找個女人，生幾個又白胖又壯碩的男丁好傳宗接代；就是在那樣的年代裡，大批的媒人、掮客湧入原住民部落，作起「婚姻買賣」的生意，母親便是如此進入了眷村。（摘錄自《眷村歲月的母親》）

住在永康區、1957 年出生的排灣族人尤秀美，嫁來臺南的故事，也是相同情境。

「我現在過得很幸福！」

第一次與尤秀美擦身而過，就被她的直率與幽默吸引，開玩笑劈頭問著：喝水還是喝酒？第二次會面，她娓娓道來如何從屏東嫁進都會，成為臺南人的這段軌跡，劈頭便是這句：我

現在過得很幸福！

1975 年，住在屏東泰武鄉、年僅 18 歲的排灣族少女尤秀美，因為媒妁之言，嫁給了當時已經 54 歲的夫婿蕭玉文。四川籍的丈夫時任憲兵隊士官長，收入穩定，甫結下這門親事，只見一次面的丈夫便為娘家蓋了一間嶄新廚房，並給了岳父母 5、6 萬聘金，秀美這椿婚事，看在族人眼中，都稱羨她嫁了個好夫婿。

「小時候家裡很苦，爸爸是村長，但，是那種不支薪的村長，爸爸還得去山上砍竹賺外快，才能養家。我爸媽生了四女二男，家裡面全靠爸爸一個人養家，媽媽就顧小孩，日子過得很苦很苦，但很快樂。」

18 歲之前，尤秀美從來沒想過有一天會離開部落，異地而居。國小畢業後，迫於家裏沒錢讓她繼續升學，她 12 歲開始務農分擔家計，種芋頭、地瓜，青春年華正熾，但她不嫌辛苦，「要工作才有飯吃啊！」她甚至一度來到臺南的一家醫院當起打掃雜工賺錢。

16、17 歲情竇初開，秀美在部落也有情投意合的對象，是一個同齡排灣族男孩，對方曾牽來一頭牛談親事，卻遭父母打回票「只有一頭牛，不可能把女兒嫁給你」，時隔一年，她卻被安排嫁給了素昧平生的「外省人」。

臺灣光復後的 1950、60 年代，原住民嫁給外省人雖然不

能說是一股趨勢，但卻是很多部落都上演的共同現象。尤秀美跟她的大姊就都嫁給了外省人。

44年的婚姻背後，起點其實始於一場「妹代姐嫁」的故事。原來，當初上門講親事的人，是打算由秀美的二姐出嫁，不過，尤秀美二姐臨陣脫逃，選擇嫁給排灣族的男友，父母礙於已經收下聘金，騎虎難下，於是打電話要秀美返家一趟，完全不諳狀況的她一回家，才知道竟要嫁人，內心即使抗拒煎熬，卻不忍父母失望，成全雙親期望。

「不要嫁原住民，嫁外省人才享福！」6、70年代臺灣經濟才剛要起飛，不少原住民部落自成一種氛圍，認為，與其嫁給原住民族人，不如嫁外省人，圖個安穩的日子，也因此，原住民族人嫁給外省人者比例不低，尤秀美身邊也有朋友尚未出嫁前，就殷殷盼著可以嫁給外省人。

秀美婚後，先後生下四個孩子，期間跟著丈夫遷徙到中壢、高雄等地，1982年來到臺南，最終落腳於此，成為臺南人。

她直言不諱地說，婚後曾長達3個月拒絕跟丈夫同房。「他的年紀比我父親還長2歲，她至今仍然記得頭一回同床共眠，她奮力抵抗的心情，當時，媽媽也在外頭客廳，她禁不住大喊「我不要嫁人，我要回家，要嫁，妳嫁好了！」

多年後，秀美敘述這一個畫面，讓聽者跟著揪心；門外的媽媽在當下聽著，必然也是揪著心。秀美邊說邊拭淚，擦完眼

淚，她下一秒隨即笑著說：那些都過去了，我現在過得很幸福啦，我覺得沒有嫁錯人！原住民血液裡的樂天性格，表露無遺。

媽媽在她婚後沒幾年就生病，她將媽媽接來臺南住院，就近照顧，然而媽媽終究不敵病魔辭世，這段期間醫藥費都由丈夫一肩扛起來。訪談中，秀美兩度談起這件事，年長她許多的丈夫之於她的人生，像父親也像一個守護整個家的長者，她說，自己嫁人後沒有一天工作過，丈夫忙於軍中的事，她就負責照顧小孩，她認為，能圖個安定生活，何嘗不是一種幸福。

嫁給年長的夫婿，之於秀美確實也得到安穩生活，她說，自己婚後沒有出外工作過，直到這幾年兒女都各自成家，她才開始兼差找個活作，她仔細回想，婚後也沒吃過苦，頭幾年，語言不通，常常聽不懂丈夫究竟在說什麼，兩人維持「筆談」好一陣子，「雞同鴨講的，很難溝通，久了就習慣了。」

她還聊起，先生其實人很好，剛開始結婚，很多原住民的料理聽都沒聽過也沒吃過，但到了部落，父母端出什麼都吃，「他人很好啦，所以包容我很多事……反正在一起生活久了，很多事都習慣了吧！」

慢慢地，濃厚的外省腔她聽得懂了，滿是辣椒、大蒜的菜她也吃得下了，彷彿一切都可以習慣了，但是村子裡有色的眼

光仍像母親身上排灣族的膚色一樣，怎麼努力也洗不掉。

（摘錄自《眷村歲月的母親》）

阿媽筆下的母親，失去了原住民身分也在成長過程備受歧視，秀美的故事，聽來讓人隱隱心疼，原住民女性嫁予外省人、老兵，蘊含著承載了彼時大環境的宿命，不只故事而已，更是這塊土地的赤裸裸歷史。

臺南市政府民族事務委員會曾以《Ina de Tainan‧嫁到府城》為主題策畫特展及專刊，呈現因為婚嫁關係而遷移至都市的女性族人，面臨社會環境差異和文化斷根、脫節等問題，因其「少數族群」身分，在社會居於更為弱勢的地位，儘管如此，這些女性族人們展現了韌性與不畏逆境，為了家庭，在異鄉找到一種安身立命的方式，藉此也希望更多人體會，早期臺灣原住民與漢人間的文化衝突與融合，而原住民族人又是如何在這樣的環境，開創屬於自己的精彩故事。

老家在屏東三地門德文部落的錢賴清花，父親是排灣族、母親是魯凱族，家境並不好，母親過世後，父親就到市區工作，她與弟弟妹妹都由阿嬤帶大，身為長女的她除了分擔家計也必須扛起照顧弟弟妹妹的責任，17 歲時聽從父命，嫁給江蘇籍外省老兵，民國 60 多年間嫁到了臺南。

「部落生活困苦，那時候外省人比較有錢吧，在部落時，

我們自己種地瓜、小米，但我嫁給老公後，就開始有了米、麵粉這些。」然而，卻也因為丈夫長年在外島服役，她隻身獨處在講「臺語」環境，她既不會說也聽不懂，難以融入周遭生活環境，極度不適應。

「剛來時很不習慣，先生叫我去買韭菜，我不知道什麼是韭菜，就跟他說我聽不懂，他一直重複，我就跟他說，我也不知道韭菜長得怎麼樣？」嫁進府城，她初期面對的是與丈夫之間的文化、語言差異，接續面對的她的卻是生活人際相處的壓力。

「鄰居都是說臺語，我都只跟大家說『你好』就走了，出門也不知道能跟誰說話，覺得自己跟大家格格不入。」剛開始，她就靠著自己做家庭代工賺取微薄薪水，帶著孩子搭火車回到屏東部落，直到日後孩子讀小學，她也進入工業區上班，漸漸學習如何與和平地人相處，打破隔閡。

丈夫去世後，錢賴清花重拾兒時塵封的編織技藝，成為札哈木部落大學講師，負責傳授編織手藝。

「我小時候是由阿嬤帶大，記憶中，阿嬤總是將月桃葉編織成各式生活用具，我就在一旁跟著看著阿嬤怎麼做…」數十年過去，當她也成為了阿嬤，深藏在腦海某個角落的編織記憶，才又重新甦醒，「因為老公離開 11 年了，我常常在家裡覺得很鬱卒，就想起來我可以來作編織啊。」意外將這門技藝

布地，因此，在臺南、高雄、屏東可以遇到的泰雅族人幾乎都是因為婚嫁，工作的話則只佔少數，因為，住居地往中北部找工作就不乏機會，不大可能會因為工作因素而來到南部。

依此狀況而論，8成原民女性因為婚嫁關係、嫁給平地人，僅有非常少數是夫妻為了工作遷徙來到這裡。谷暮哈就說，這個特殊性反映在政府對於這些族群的關照層面，比如說，泛泰雅族婦女大部分都嫁入漢人家庭，會有文化適應問題，或是嫁入漢人家庭後，生活就以漢人家庭跟漢人社會為主，一般來說，就較少與原住民族人接觸，遑論跟自己同族的人接觸。

她綜合泰雅族女性嫁入臺南的生活樣態，都有一個共同問題就是面臨走入漢人社會生活，離開自己家鄉，情感上跟生活適應上非常不適應，舉凡文化衝突、生活習慣、語言甚至信仰等等，以及與漢人家庭互動、彼此價值觀等，會出現很多心理適應問題，「這方面很多衝突，造成許多泰雅族女性有壓力，而且女孩子被要求要以夫家為重，嫁來這邊後，娘家給我們觀念就是要以夫家為主、先生為主、小孩為主，變成我們來到這裡，因為遠離自身文化與家庭，心理上常常覺得很孤單。」

谷暮哈就說，當然這股壓力可能隨著來到都會時間久了就能逐漸適應，但不可諱言，當離家這麼遠又必須進入／浸入一個全然不熟悉的家庭，形成泰雅族女性在都會生活的雙重弱勢與困境。她說，女性在社會上相較於男性，壓力本來就不小，

圖 5：提起往事，尤秀美還是不禁潸然淚下。

圖 6：往事不如煙，尤秀美對於現在生活只有知足。

圖 7：尤秀美笑著說她年輕可是很美的。

在都會區面臨的困境更大，她坦言自己也曾適應得很辛苦，為此去求助醫生，也有朋友因長期壓抑，而必須固定看精神科醫師，但當然也有部份則是借助宗教力量，尋求心靈安慰。

「八成是女性的同胞在這裡生活，我要如何關照她們？」」從這些相關因素可以了解到泰雅族女性在都會生活的樣貌，也讓她日後從教師投身政治，更能理解如何去關照這些特別的群體。

第三節　出走，是為了更好的生活

（一）從陸軍飛官成為族語教師：阿美族簡德輝

阿美族在臺灣總人口數約 20 萬餘人，也是臺灣原住民中人數最多的族群，可以說在臺灣各地都有散居的阿美族人身影。阿美族原鄉分布於花蓮縣、臺東縣和屏東縣，大部分人口居住於平地，較少處於山谷或群山之中，尤其，隨著經濟型態轉變，旅居都會區的阿美族人更在臺北和高雄等都會區，建立了以阿美族為主體的社區或聚落，例如基隆市的奇浩社區和新北市汐止區的山光社區等。

1961 年出生的簡德輝，來自花蓮光復鄉，花蓮高工畢業後，父親要他去當一名船員，但他跑去考飛官，1980 年考上

陸軍軍官學校飛行軍官班，從此踏上飛行的路；2006 年退休，又轉去推廣族語，一頭栽入鑽研阿美族的口述歷史，一有空就去拜訪部落長輩，將從小聽到大、耳熟能詳卻沒有任何文本記錄的阿美族起源、祖靈信仰等故事，以阿美族語寫下來，前後花 3 年時間完成。

簡德輝離開原鄉，來到都會成為臺南人的這一段遷徙歷程，雖未必足以能夠反映多數阿美族人落腳都會的背景與軌跡，不過，卻是另一種典型的離鄉模式：離開／出走，是為了追求更好的生活！

「在我的印象中，4、50 年代的生活，父母親一天到晚都在忙，他們必須天還沒亮就要早早出門，到了晚上才回家，每天忙著農田耕種，就是為了要養活孩子；那個時候孩子生得多，生活最主要的價值就是讓孩子吃飽。」

「雖然政府當時推行耕者有其田，但相對是要收稅，我們田地很大但很辛苦，因為農業技術還不是很好，加上當時有稻熱病，那時候一年才收割一次，不像現在一年收成兩次。因為父母都很忙的關係，小孩只能放牛吃草，我記得讀小學時，一個班級有 60 個人，但當時班上有十幾個同學都必須背著弟弟、妹妹上課……我們那時候的孩子沒有休閒，上學以外，回家就是要幫忙餵牛餵豬，生活只圖個溫飽。」

簡德輝娓娓說著，那個時候在部落依然只有物流、沒有貨

幣，平常若是要買日常物品的話，街上只有一、兩戶漢人開雜貨店，要買東西就必須先欠著，等到稻子收割了，才能拿稻子去還給人家，「那時看漢人不用那麼辛苦賺錢，卻吃得很好。」族人、漢人之間存在一種顯而易見的經濟水平差異，在他兒時記憶中，烙下深刻印象。

簡德輝說，阿美族部落相當重視組織，小時候根深蒂固認為這就是必然之事，好比說，部落的事情必須由年輕人來做，大家平常雖忙著種田，但農閒時候，也要去幹活，水田做完就是去顧旱地。他說，阿美族是母系社會，男人都是入贅，而女生則負責養雞養鴨餵豬等粗活，「一旦有人離開部落，就表示這個人不認真，因為吃不了苦。」

尤其，阿美族更有所謂年齡階級。阿美族每一個部落的青少年只要到了 14 歲開始，就必須加入年齡階級的組織，這個時期的青少年接受成年禮考驗後就成為社會的一員，白天要從事公共事務的工作，晚上則要接受社會教育，由壯年（41 至 45 歲）擔任老師。

簡德輝回想，在部落裡頭，所有人都會服膺這套標準，「那是主流價值，沒人會懷疑這件事！」簡德輝說，只要有人離開部落就等於這個人很懶惰，會被部落的老人家們指指點點，「那個某某某的孩子捱不了苦」。

簡德輝一共有九個兄弟姊妹，他在家排行老么，部落事務

之外，他很早就意識到，辛苦農忙的勞務工作，根本沒辦法填飽肚子，尤其是付出勞力跟所得不成正比，讓他不禁想未來怎麼辦？「用牛車載甘蔗到糖廠，一天才賺 35 元，怎麼能吃飽？」他說，在這種氛圍底下，選擇出走的族人都體認到，要離開，只能偷偷摸摸不讓家裡人知道。

簡德輝說，直到 60 年代，很多原住民選擇到遠洋捕魚或是到菲律賓當外勞，一兩年才能回家一次，也常常傳出一些原住民死了卻找不到屍首，「那時候很可悲，我們偶爾都會聽說，誰家的孩子去遠洋，結果再也回不來……我有好幾個同學就是這樣。選擇去遠洋，半路在海上也不知道會發生甚麼事？封閉的社會下，也沒人吭聲，出了事，公司頂多給一筆安家費。」

這段悲情過往持續了好些年，簡德輝說，直到 70 年代，陸陸續續有人轉戰到沙烏地阿拉伯，一樣從事建築業，這些人有錢了，就回鄉買耕耘機、插秧機，幫助家裡農田耕作。「我的姐姐、姐夫就選擇去沙烏地阿拉伯，一去就是兩年，他們的作業方式有些是群體作業，比如說農田有組織，誰負責做排水溝、誰負責蓋房子，我姊姊又要作男人的粗重工作，又要照顧孩子，母系社會偉大的地方就是在這裡。」

簡德輝後來是因為考上飛官，工作的關係而出走，自然非屬「偷偷摸摸離開」的情境，不過，他來到臺南後，因緣際會接觸到其他族人，也試著想要了解族人遷徙的背景。

　　「離鄉背井第一個是藉著通婚，第二個是嚮往更好的生活。」他曾經在善化遇到一個老人，問對方為何想來臺南生活？老人家跟他說：聽說臺南的土是沙土，很適合種花生跟地瓜，種出來的地瓜很大一條，所以就來臺南耕作了。

　　另外一個「移民」的故事，則是簡德輝口中的黃姓頭目。

　　「民國 45 年，頭目很有遠見，來到臺南，當時原住民來到臺南不外乎蓋房子，但黃長老很有遠見，他去承包岡山水泥廠的工作，以前開高速公路經過岡山會看到流籠，那個就是頭目做的。因為他在平地發展得不錯，後來也引薦家族孩子來臺南從事建築業，但他不敢大張旗鼓，不想被老人家指指點點『誰懶惰做農，選擇去都市』。」

　　簡德輝口中的黃姓頭目名叫黃金泉，大概出生於 1937 年，因家裡食指浩繁，縱然老家有田地但幾個孩子分一分怎麼過活？於是未雨綢繆，算是很早就離開部落的例子，對於當時封閉而重視家庭組織的阿美族人來說，算是異類。

　　簡德輝從黃姓頭目口中一一拼湊、還原當年老一輩遷徙到臺南的歷程。

　　「民國 60 年代上下，原住民來到都會區都是做建築業居多，前面提過黃金泉很有遠見，他後來從事鋼鐵工作，是一名很成功的企業家，也在關廟買了一塊地，他剛來的時候，是一個人來，直到工作穩定了，才接老婆小孩來這裡生活，在臺南

生活的時間比在部落還長，一直到老去，也是葬在這裡。」

「黃姓頭目曾說過，剛來的時候，那時的社會對於原住民還是相當排斥，所以原住民都必須隱姓埋名，不敢讓人家知道自己有原住民的身分，最怕被問：『你是番仔吼？』所以，他老人家臺語講得很流利，口音幾乎已經聽不出來是原住民了。」

簡德輝說，從老一輩口中得知原住民剛來到都會區，備感心酸，尤其，有些外型一看就很像原住民的人，甚至只能否認到底，黃頭目親族當中還有孩子在讀書時因為被叫「番仔」而跟同學打架。「那個時候的環境就是這樣，其實，我們自己一看都知道黑黑的是排灣族、矮矮胖胖是布農族。」

簡德輝之所以特別談起黃姓頭目，因為，臺南最早的阿美族豐年祭，就是由他開始推動舉辦。「老頭目離開部落得早，但心一直思念著部落，因為他將部落祭典力求原汁原味地搬進了臺南，他說過：一年一度祭典，我們人不在故鄉但沒不能忘了根，當時在都會沒有部落組織，老人家自己花錢，在那個不能組黨結社的年代，我因為跟頭目來自同一個部落，所以老人家要我做什麼我就做，後來越來越多阿美族的族人都來了，一起在都市重現祭典。」

還原在臺南登場的阿美族豐年祭，從簡德輝口中約莫民國 60、70 年代開始，「就是因為他這樣推動，所以，後來臺

南才有相關的原住民祭典，最早，我們先是找一個空曠河床舉
行，族人聚在一起跳祭舞，呼喊祖靈保佑，傳達我們不會忘記
祖靈的心。」

　　簡德輝說，祭典之所以重要，主要是複習歷史，讓離開部
落的族人一代一代記錄部落歷史，這項祭典一直維持到頭目逝
去，前後大概有二十多年之久。頭目昔日登高一呼舉辦的豐年
祭，讓後代子孫在異鄉也確立了自己的文化、民俗與信仰，尤
其，頭目堅持全程說族語，簡德輝就負責翻譯，讓不諳族語的
年輕一輩都能融入其中。

　　隨著黃姓頭目離世，後人雖然也接手陸續辦了幾年的豐年
祭，但未能全程忠實還原阿美族的傳統內涵，漸漸也走味了。
簡德輝強調，祭典是神聖而嚴謹的，雖然大家依然會辦活動交
誼，但所謂傳統祭祖的精神卻也愈來愈式微，甚至演變成像是
做秀、表演，「不了解內涵，會讓人覺得形同誤導歷史。」

　　「我民國 67 年開始要負責巡邏，另外，走在路上看到比
自己年紀大的人，要主動趨前關切，看到長輩背重物也會上前
問要不要幫忙，這些都是我們希望透過豐年祭傳達的精神，複
習我們的歷史和祭祖，不是只會喝酒。」

　　隨著臺灣社會越來越進步，簡德輝也意識到族人的競爭力
不能落後，大概在民國 70 年間，邀集一些當警察的、當軍人
的還有當老師的，大家開始討論如何組織原住民，目的是希望

藉著這個組織讓大家互相提醒，原住民族人有甚麼需要幫忙的，可以尋求這樣的資源幫忙。他說，當時市府、縣府也沒有任何專門為原住民設立的局處，原住民都是完全靠自己，能夠出來活動的，都是少數稍微工作穩定的退休警察、老師、軍人等，最早一開始，先是籌組阿美族同鄉會，但沒有特地申請立案，就是一個很自然形成的組織，可惜，日後也跟著自然泡沫化了。

因緣際會投入教族語的行列，則是意料之外。簡德輝說，民國 90 年間，當時的民族事務委員會要準備培訓第一批族語老師，他那個時候還在輕航基地當飛行官，妻子則在著手準備族語考試。對於族語相當熟稔的他，因為剛好遇上有報考者生病無法考，於是他就去參加考試，沒想到夫妻倆第一次考就考上。

他有族語的底子也會說族語，於是，民國 95 年退伍後，就順勢當起了族語教師。他說，自己年輕時候曾因在部落講國語而被老人家噓下臺，所以他堅決一定要把族語學好。2019年，他基於鼓勵學生學習母語也參加認證，獲得秀姑巒阿美語優級榜首，更是全臺南市第一位通過優級認證的族語老師。

簡德輝強調，在阿美族部落不是隨便任何人都可以站出來講話，發言的機會很可貴，所以他自然而然就把族語給練熟了。不過，這樣的功力奠基於他每每回鄉，都會刻意去找老人

家對話、聊天，透過這樣經年累月進行田調訪談，他也出了一本書關於阿美族起源的臺南市本教材，內容就是將阿美族歷史口傳盤古開天歷史文化寫成書。

他撰寫的教材是太巴塱的故事，整本書以阿美族語言撰寫而成，前後花了整整三年時間才完成。他說，阿美族沒有文字紀錄都是口傳歷史，部落的老人家給了他 3 卷卡式錄音帶，他都是利用回到家、夜深人靜時播放，每聽一段就卡掉，反覆聽著卡帶，逐字記錄。他說，因為老人家講得太深奧，他當下聽完也聽不太懂，需要反覆考據才能轉化為文字。

「要關心臺灣文化跟歷史！」他書寫的阿美族神話信仰，說的是阿美族傳承幾千年的口傳歷史，老一輩透過口述，一代代傳承下去，但他不諱言，當族人都開始往都市遷徙，還有誰能記得這些故事？記得這些屬於家鄉的根？「我們的下一代可能很懂希臘、國外神話，但對自己生長的土地、家鄉文化卻很陌生」，他話語中有失落有感慨，於是透過身體力行持續耕耘著書寫部落的歷史，希望能夠在部落族語與家鄉文化傳承上，略盡綿力。

離鄉而居，一待就是大半人生歲月，他說，在都市生活從漢人朋友身上學到很多，好比漢人即使一元也要賺，「部落的老人家教給我們的觀念也是這樣，再怎麼窮苦都不要怕，要靠自己的雙手去挖寶。」他說，剛開始工作，一個月薪水 8,000

元，省吃儉用買房子，一點一滴打造屬於自己的家，自己的堡壘。他說，還在部落時，父親曾希望他去跑船當船員，為他所拒絕，父親還因此撂下狠話：你要是半途而廢，我們就斷絕父子關係！

日後人生，他沒讓父親失望，靠著打工半工半讀考上花蓮高工，成為一名飛官，晚年也貢獻己長，傳授族語，人生有很多意料之外的事，而他一直走在正確的道路，繼續耕耘屬於自己的傳承阿美族語言志業。

圖 8：空軍退役的簡德輝，眉宇之間仍可見昔日神采。

圖 9：簡德輝花三年時間以阿美族語撰寫而成的阿美族起源教材。

第四節　離鄉。築一個願景

依據地方制度法現行法規，直轄市原住民議員名額為有平

圖10：簡德輝是全臺南市第一位通過優級認證的族語老師。

圖11：簡德輝夫妻分別是阿美族與排灣族。

圖12：簡德輝夫妻當年結婚以牛車迎親的復古禮節，還曾被記者採訪而躍上報紙。

地原住民人口在 2000 人以上者，應有平地原住民選出之議員名額；有山地原住民人口在 2,000 人以上或改制前有山地鄉者，應有山地原住民選出之議員名額。

　　臺南縣市合併升格直轄市後，2010 年首度選出一席阿美族人、平地原住民蔡玉枝以及一席泰雅族人、山地原住民曾秀娟（後回復族名谷暮哈就）。2014 年第二屆市議員選舉中，

2 人順利連任。2018 年，平地原住民這一席議員，蔡玉枝則交棒給兒子穎艾達利參選並當選，谷暮哈就持續爭取三度連任，最終也順利當選。

這裡要特別提一事，外界認知的是直轄市從 2010 年得選山地、平地原住民各一席次，但外界不知道，這段緣由其實與谷暮哈就有關。根據地方制度法，從 2010 年開始，若干縣直接改制為直轄市（如臺北縣改為新北市），或透過縣市合併改制為直轄市（如原臺南縣、市合併升格為臺南市），轄下的山地鄉也同時與其他鄉、鎮、縣轄市一併改制為直轄市管轄的「區」。依《地方制度法》原有規定，區並非如同鄉、鎮、縣轄市屬於地方自治團體，當時由山地鄉改制而成的區，也因此無法繼續保有地方自治的權限。

後來，相關輿論促使內政部與相關部會及地方政府研議修正《地方制度法》，並由立法院於 2014 年 1 月 14 日三讀通過相關修正條文。當中增列專章規範「直轄市山地原住民區」，明文規定直轄市山地原住民區為：「直轄市之區由山地鄉改制者，稱直轄市山地原住民區（以下簡稱山地原住民區），準用鄉鎮制度為地方自治團體，設區民代表會及區公所，分別為山地原住民區之立法機關及行政機關，依本法辦理自治事項，並執行上級政府委辦事項。山地原住民區之自治，除法律另有規定外，準用本法關於鄉（鎮、市）之規定；其與直轄市之關係，

準用本法關於縣與鄉（鎮、市）關係之規定。」

谷暮哈就就是當年曾透過臺南縣政府行文給中央，提出質疑與建言的人士之一。

一、臺南市首任山地原住民市議員

出身宜蘭的谷暮哈就，雙親從事務農，她是家中老么同時也是家裡比較會讀書的那個人，兄長的資源也是挹注她很重要的一股力量；「我從小在山上長大，父母雖然只有國小畢業，但我認為，父母給孩子的期待這件事很重要，給我們一個希望跟方向。」一路順利升學，她曾一度返回宜蘭當地國中任教，後來因為嫁到臺南，於是成為了臺南人。

早期，她在柳營國中任教，教了三年書之後考取公費出國留學，「當時心想要拿個博士學位回來，希望可以前進大學做研究、制定政策。」但後來因為家庭因素只讀了一年就回臺，從教師轉換跑道到政治，背後有巧妙因緣。

長期關注原住民事務的她，始終認為，雖身處在教育現場的第一線，但因為離開原鄉也離原

圖 13：谷暮哈就議員。

住民好遠，而無法為原住民族人們多做一點事，這讓她內心頗感失落，她解釋，因為自身關注原住民教育而投身教育領域，但來到臺南後卻沒有辦法施展，因為自己專攻原住民教育與相關議題，但身處的環境並無原住民，自覺沒有發揮空間，於是希冀踏上研究之路，爾後，能夠從學者的角度為原住民族政策發聲。

她說，有此感慨其來有自。身為嫁到都會區的女性，來到這裡（臺南），跟家裡就像是斷了關係，一年也不過才回部落兩、三次，「原住民族人來到都會區有大疏離感？從一個例子可以發現。我因為選舉關係認識很多族人，有一回，一聊才發現某人跟某人原來是遠親的姊妹，雖然彼此都嫁到臺南，而且明明都是同部落的人，但卻互相不知道身處同一個城市。」

她說，自己之前嫁人後，因為要融入以丈夫為主的漢人社會，對於部落其實也頗覺疏離，一直到選舉後，挨家挨戶拜訪，才知道哪邊有原住民，大家這也才知道，原來有個泰雅族人要出來選議員，「雖然只是參選，但已經能讓平日鮮少與其他原住民族人互動的大家，了解日後有何困難能夠找誰求助。」為此，她在當選後，常常透過辦各式各樣活動牽起大家情誼、讓族人彼此有個互動、互相交流，讓大家知道自己並不孤單。

後來在陳水扁執政時期，臺灣教育剛好在實施本土化教育，伴隨本土教育興起，有許多學校開始開展本土語言課程，

教育部也有相對應政策就是在各縣市成立教育指導員,「我當時就是臺南縣的本土教育指導員,借調到教育局,到各校宣導本土語言教育,我負責的就是原住民語,包括學校教育政策跟族語開課、找老師等,我都參與處理。」

她說,剛開始接觸到這個工作,因過去經驗讓她專注於本土語言教育發展的領域,也從中看到當時臺南縣原住民推展本土語言教育的困難,甚至是中央、地方政策落實的差距或是政策不足等等,當真正回歸到原住民教育領域,也讓我感覺活起來了,更加篤定我就是要從事原住民教育這一個區塊。

但是,不甘於只是成為一個操作員的她,更關心原住民政策應該如何擬訂,因為看到很多問題,但要改善這些問題必須透過政策制定,但要如何擬定,又是一個關鍵,所以我開始思考要如何擬定好的政策,政策擬定之後,要讓政策立法通過又是另一個遊說的過程。而,立法完後執行又是另一個層面。「當我關心原住民教育議題的時候,也同時參與其中的過程,讓我看到愈來愈多問題,讓我有很多感觸,我可能今天提出一個問題,但可能日後還會有好幾百個類似問題,要處理相關問題就是做好相關政策,這才是全面性的。」

她據此思考原住民政策,「從教育開始也讓我拓展關心觸角延伸到社會福利、全國性原住民等議題,關心層面愈來愈擴大,甚至是後來也參與街頭抗爭運動,提倡原住民轉型正義、

族群主流化概念，諸多思考讓我省思原住民的問題都是政治，日常生活遇到的問題牽涉到權利就是政治一環！」

她於是開始省思，如果要去改變這些，改變不合理的現況改變原住民困境，就必須參與政治，參與政治有很多層面未必是從政，可能是社會運動或相關團體、社群去關注，因為原住民公費留學考試才有錢出國深造，她當時目標是拿到博士學位後到大學教書，以利日後從事學術研究、提供建言，透過科學化分析做政策研究，但當時因為小孩還在臺灣，所以只讀了一年就返國。回來後先回到柳營國中復職，但當時腦袋已經有不一樣想法，於是開始思考要如何投入原住民公共事務的工作，剛好 2009 年 11 月回臺灣，緊接著面臨縣市合併新增一席山地原住民席次，她於是投入參選，並於 2010 年 12 月順利當選首任大臺南市議員選舉。

「很多人鼓勵我參選，當時有點害怕，出國回來後思考要做什麼，當初沒想過會增加一席，回國後又剛好多一席，心想難道是天意？於是決定試著努力看看。」

谷暮哈就透露直轄市新增山地原住民這一席，正與自己有關。她說，出國前那一年，前夫陳俊安當時正擔任前臺南縣長蘇煥智秘書，當時夫妻共同關心原住民選舉制度不公平的議題，因為他們認為原鄉跟直轄市的選舉法不同，當時只規定平地原住民得以選舉，但山地原住民卻並未被保障到，兩人覺得

很奇怪。

她說，因為臺南縣的山地原住民人口其實早已經比平地原住民多，為何反而不能參選？發現不合理後，兩人就透過縣府行文到原民會，提出原住民選舉一國三制不合理，提了之後，竟也順勢讓中央於縣市合併後一併修訂這項規範，原本不分平原、山原只能選一席，修法後，全臺直轄市都因此增加一席。她解釋，當初純粹基於關心原住民公共事務，沒想過日後會參選，自己也因此受惠，始料未及，也讓她在猶豫是否參選時，冥冥中認為或許是天意吧！

蟬聯三屆市議員，她在原住民政策議題多所著墨。例如「選舉隱私權」，臺南都會地區常見很多投開票所只有一、兩個原住民，都猜得到誰投給誰，後來她去向中央反映，後來中選會、原民會也擬定因應對策；另外還有考生的加分政策，國中會考超額比序做了重大改變，原住民加分制度沒有被放進來討論，原有的加分制度就不見了，她也尋求立委質詢幫忙，才把這個加分制度找回來。此外，民進黨政府訴求轉型正義，當時沒人關注原住民轉型正義，谷暮哈就到原民台提倡，原住民也必須轉型正義，必須比照民進黨政府轉型正義模式，為原住民爭取轉型正義條例與小組，後來也使得原住民轉型正義獲關注。

從政迄今她自問一直為原住民政策而努力，「身為民意代

表只是一個工具，這個工具實踐了我長期以來思考的原住民政策擬定與改變，這也是我從事政治的目的。」

多年來，她也一直構思策畫組織「泛泰雅族協會」，2019年已經凝聚大家共識，預計2020年成立，透過這個協會建立一個平臺、擴大族人連結性並提供資源互助，期許這個協會的功能除了聯絡情感，也希望藉由這個群體讓彼此成為彼此支柱。

她比喻，因為自己身為民代的關係，通常都是她登高一呼籌辦活動，當有族人發生事情也會來找她求助，但她一個人能力有限，透過協會則可讓大家相互支持，彼此都是彼此的支柱。再者，也能擴大辦理族人活動，例如傳統祭典、族語課程、傳統工藝等，讓更多族人參與，在都會區延續泰雅族的文化。

谷暮哈就有感而發，「好幾次跟泰雅族人聚會聊天才驚覺，可能是因為嫁來平地多時，大家疏於開口講母語，語言竟也就生疏了；雖然我們私下聚會都習慣會用自己的族語講話，比較親切且情感表達更真摯，不過，卻也因為不常說而不是很流利，就會斷斷續續……」對於語言疏於使用的陌生感，她認為，這可以說是原住民族人的共通現象，少有機會講，就越來越生疏，因此，不論是辦活動或各式交流，都是讓大家有機會在都會區，維持開口講母語的契機。

2019年到2020年間，她也提出原住民健康照護站的政策，

其中一部分就是基於原住民族人對於自身健康的意識相當欠缺。她說，身處臺南這樣一個都會地區，原住民的生活壓力相對比在部落大，待在部落雖然醫療資源較少，但因為部落環境相對單純，加上又有家人族人支持系統，生活環境是友善且有安全感的。然而，無庸置疑，生活在都會地區壓力比較大，畢竟，要在漢人社會競爭、溝通，所以，不少原住民族人都有潛在性壓力，另一個層面是，主流社會還可能存在歧視問題，這都會形成潛在心理疾病。

她認為，一般談到原住民健康照護往往是朝向肝病、腎臟病等生理上疾病，但是，心理疾病問題卻很少被提及也較少被關注；「我自己也是過來人」，她說，在投入原住民照顧健康領域政策時，她就提出要進一步關照原住民生活健康，不只是生理的，還包含心理層次。尤其，健康更不單單只是看醫生，而是必須要透過其他方式或管道，加強臺南市宗教信仰支持系統，如何連結透過宗教信仰讓大家內心平靜，讓教會關照更多教友。

另外，就是舉辦相關活動，提供團體讓他們去親近，內心有歸屬感，讓原住民族人多去參與，「跟族人在一起的快樂、親切，是不一樣的。」她也提出補助原住民健康檢查，著眼於原住民族人比較沒有健康檢查觀念，通常都是事情發生後，問題已經很大條才處置，但，往後會牽涉層面廣、也影響家庭經

濟等等各方面,「反正不知道就算了」,她認為,原住民族人健檢觀念還需要再宣導,希望透過補助提升原住民族人對健康有預防及保健的概念。

她不諱言,這些都是預防後續可能造成的問題,一旦家庭經濟支柱倒了就會很慘,後續還會衍生很多家庭生活品質問題。她說,選民服務案件中就常見原住民因為生病而拖垮一整個家,全家人為此面臨莫大經濟難題,旁人也很無奈,因為無從救起,這點,也讓她更堅定,必須從健康檢查及預防的觀念做起,至少可以幫助很多人。

「一般原住民的觀念中,並沒有習慣掏出數千元健檢,除非是軍公教,但臺南大概有 7 成原住民都是勞動階級,很難自掏腰包花大錢檢查身體,幾千元就是他們好幾天的菜錢。」所以,她向臺南市政府爭取原住民健康補助 1 萬元,另外,也試著從公彩基金著手,因為公彩基金很少用於原住民身上,希望能促成將原住民納入公彩基金的照顧範疇。

二、臺南市首任平地原住民市議員

有別於一般人對原住民印象都是位居弱勢,現實中,其實也不乏因為讀書求取高學歷,選擇從事軍公教人員或者更上一層樓的例子。前述阿美族的簡德輝就是一例,從空軍退役後也順利轉任族語教師,甚至也曾參與市議員選舉,希望能進一步

為原住民權益發聲。

　　來自花蓮馬太鞍部落的阿美族人蔡玉枝，於臺南縣市合併後參選臺南市第一屆平地原住民市議員，順利當選並連任，兩屆任期屆滿，她就不再參選。1979年來到臺南的蔡玉枝，生長在花蓮，從小，擔任老師的父親就敦促她要認真讀書，而她也不負期待，臺南師院初教系畢業後，返回家鄉花蓮教書，並與分發到花蓮的平地人夫婿相識，因為先生是臺南人的緣故，婚後，想回成功大學進修，先生早她一年回臺南，她在等到調動機會後，隔年也來到臺南教書。

　　「一轉眼，我來到臺南已經40年了，當時，因為公婆都在臺南，先生希望能就近照顧父母，加上我們也想讓孩子到臺南求學，所以就來臺南落腳了。」國小老師已是不少人稱羨的職業，蔡玉枝日後卻一頭栽入當時仍乏人關心的原住民事務，從自發性關懷原住民族人到籌組社團，甚至踏入政壇。

　　從老師成為民意代表，當然不是偶然，一切都要從41年前說起。

　　「我印象非常深刻，有一次帶小孩去當時還在民族路上的遠東百貨，竟然在路邊看到有原住民鄉親在民族路夜市路邊乞討……」目睹這一幕，讓她深受震撼。「從小到大，在我的印象中，沒有也不可能會有原住民鄉親去當乞丐，生活即使再苦，在部落裡也一定會有左右鄰居互相接濟，不至於會去跟人

乞討，一塊錢丟在地上讓他們撿？原住民有這麼卑微嗎？何以這樣讓人糟蹋！」

內心震撼不已的蔡玉枝當時在一旁默默觀察，心想，不知道還有沒有其他原住民的族人也在場？第二個在她心中萌芽的念頭是，臺南這邊可能有不少原住民，只是不知道他們分布在哪裡？這也促動她更加想要了解到底有多少原住民住在臺南。

也是從那次開始，她幾乎一有空就會刻意繞去遠東百貨，後來果真遇見長得像原住民的長輩，她就趨前關心叫喚「同胞、同胞」，她主動釋出善意，聲明自己是阿美族人，但當時跟對方講國語，卻發現對方聽不大懂，講臺語更是完全無法溝通，她於是嘗試以日文跟這些長輩溝通，這才知道他們是從那瑪夏霧台來到臺南討生活的族人。

她說，距今四十年前的臺南很少有原住民，除了當地的平埔西拉雅族人以外，其他族群的原住民族人很少，加以當時社會大眾對於原住民的認知也很淺薄，看到原住民都會先猜想是不是阿美族？（因為阿美族是臺灣為數最眾的族群）。

這一段因緣讓她開始想要投入了解，臺南到底有多少原住民？她於是輾轉找上時任臺南市長的施治明，表明自己是阿美族人也很想了解臺南原住民人口，但因為當時並未設立相關單位，遑論進行調查，她只能旁敲側擊，開始循線接觸、拜訪原住民身分的警察、里幹事等。

　　她說，當時原住民族人在都會區生活是相當小眾，從事軍公教人員跟打零工勞力族群最多，但她卻發現，在這些基層公務員當中，竟有人不願意承認自己是原住民族人，「我那時候很單純想，『奇怪，公務人員怎麼不願意被知道自己是原住民？』」

　　她後來才理解，原住民當時很受平地人歧視，有些族人還會被人叫做「番仔」，大家都不敢承認自己是原住民，「但在我們花蓮，我從來沒聽過誰被被叫做番仔。」文化差異下，原住民在都會區相形淪為弱勢，番仔等貶抑詞彙，只是冰山一角。

　　從小生長在花蓮的她，生活周遭全部都是原住民，從來不會對自己身為原住民而跟別人有什麼不同，「我們都深信，只要自己努力做好該做的事，就有機會出人頭地，有什麼好怕？」出發點不同、家庭背景不同，蔡玉枝不諱言自己從來沒有感受過外界歧視眼神或不公平待遇，但因為看到、聽到太多類似例子，所以她擔任民代期間，特別重視關照每位原住民孩子的發展，八年市議員任內，她提供各級學校應屆原住民畢業禮物，人人都有。

　　「原住民孩子文化水平普遍弱勢，多數永遠沒有機會上臺領取獎項，但給他們一個獎勵、一個鼓舞，對他們的人生，會很不一樣！」學教育出身的她說，自己當年來到都會區，就是

想要把孩子教育好，更要教育族人，想要改變自己生活，就要從教育做起，改變經濟能力！

燃起想要改變原住民族人的際遇，她也因緣際會加入青溪婦聯會後，借用後備軍人力量開始尋訪原住民朋友，挨家挨戶拜訪，一開始辦活動只有 6、7 人，到了 4、5 年後已達 200 多人參加，後來第一次到屏東舉辦原住民尋根之旅活動，甚至出動 6 部遊覽車，這才知道原來光是臺南市就有那麼多原住民族人。

起初多為民間交流的活動性質，後來她因為有認識的朋友當時擔任臺灣省政府山胞行政局副局長，她向對方提到臺南市沒有任何組織，於是促成日後在民國 70 幾年間，成立了一個以生活在臺南的都市原住民為主體的協會—「山胞生活教育協進會」。

當時由於並沒有「原住民」這個詞彙，大家都是山胞、山胞地叫，因此，就連協會名稱也堂而皇之以「山胞」命名。事實上，「原住民」一詞是 1994 年的原住民文化會議，第一次為官方（中華民國行政院文化建設委員會）所主辦的會議所採用，而在會議中，當時的李登輝總統在致詞中首次以國家元首的身份在正式場合中使用原住民一詞，同年中華民國憲法修改，「原住民」正式取代「山胞」而在國家法律獲得採納。

撤除山胞這個帶有標籤化的名詞，蔡玉枝說，至少對當時

的原住民族人而言，從不能為己發聲甚至必須隱姓埋名的處境，經過這麼漫長歲月努力，好不容易能夠設立相關組織漸漸牽繫起大家的情感，實屬不易。日後，也總算慢慢地透過不定期舉辦活動、歌唱比賽、聚會等等聯絡情感。

　　前臺南縣長陳唐山任內（約在 1993 年之後）也在臺南縣成立山胞文化協會，後來，臺南縣、市也因此舉辦了第一次聯合辦理的豐年祭，縣市原住民族人也開始互相交流。

　　以臺南縣市原住民族人分布版圖而論，臺南縣原住民人口較多，臺南市則相對比較隱性，除了警察、老師、公務人員，多數是屬於來這裡打工、嫁來這裡或讀書。另外，則有一些則是來臺南求學的學子，例如，成功大學校園內就成立有「洄瀾社」，聚集原住民學子一起舉辦講座、社團活動等，在無數人努力很多年之下，才有愈來愈多的原住民族人慢慢認同自己是原住民。

圖 14：前臺南市議員蔡玉枝。

第三章

宗教對臺南
原住民的影響

　　探討原住民課題其中一個不能不談的是教會力量。在原住民的原鄉、都會聚落中，「教會」扮演著至為關鍵，而且舉足輕重的角色，是信仰中心、是學習天地更是一個大家庭，接納各種背景、出身、族群，不分彼此。

　　位於臺南市永康區的南原教會，教友們涵蓋了排灣族、布農族、阿美族、太魯閣族、泰雅族、本省人以及外省人，牧師盧玉香透過族群主日，彰顯每一個族群的特色與傳統，當天均須穿著傳統服飾，相較於原住民教友一身洋溢原住民特色的服裝、頭飾等裝扮，到了本省人跟外省人的族群主日，教友之間彼此反而會打趣「啊，我們的特色是什麼啊？」

　　由此延伸而出的原住民自我意識，最為真切也最務實。不論老人、小孩都能在身著自家族服、唱跳自家歌謠、舞蹈，身體力行告訴別人：這是我家鄉的文化，原住民族意識的扎根，從教會開始澆灌進而開花。

　　可以說，原住民自我認同的意識覺醒有很重要一環，是緊緊牽繫於教會所扮演的角色，教會，也可謂推動原住民族意識的重要幕後推手。

　　一般人的認知，原住民信仰都是天主教或基督教等外來信

仰，在「臺南市原住民生活狀況及需求調查報告」當中，進行問卷的 700 多份有效樣本中，基督教信仰為 3 成 5，天主教、佛教、道教信仰則相差無幾。眾所皆知，基督教在戰後迅速走進原住民社會並改變原住民過往宗教信仰，這中間的脈絡要從 19 世界中葉談起，基督信仰從北到南前進熟番村落宣教，設學校、開醫館等等，目前諸多原住民地區的教會大多數都是在 1945 至 1952 年之間所建立。

福山門教會長老方明勝回憶，兒時，每周日上教會是生活中最重要的一件事，因為教會有牛奶、乾糧、米，這對家裡很窮的人來說，教會支撐他們的基本民生條件，乃至於日後潛移默化走進這個信仰裡頭。《典藏臺灣史臺灣原住民史》提到，1950 年代，中國政府將境內各基督教派的神職人員，尤其天主教的大批神父、修士、修女驅逐出境，他們於是轉往臺灣發展，並在獲得官方支持後，展開大規模的傳教工作。神職人員藉由救濟物資、教育獎勵和教導農業技術及醫療服務等佈道，信徒人數於是快速增長。

不過，到了 1960 年代卻急轉直下，信徒增長人數有限。臺灣教會公報社社長方嵐亭說，原住民隨著遷徙進入都會區，家鄉原本的信仰有沒有能夠持續帶到都會區、帶給下一代，本身是一個問號；他觀察，很多原住民第一代落腳城市，剛開始仍然寄託信仰當中，不過，工作忙碌、家庭等壓力，未必會持

續維持信仰，遑論下一代繼承這個信仰。這也呼應 1960 年代過後，臺灣社會面臨經濟轉型及工業化，部落青壯人口外流，影響原鄉的教會勢力之說。也因此，到了 1970 年代，離鄉的原住民人口轉而在都市建立教會，牧師也前往都市。

「族群融合在教會，透過營造教會等於部落的文化，潛移默化教育下一代！」臺南市南原教會的牧師盧玉香是排灣族人，高中就立定從事牧師志業，15 年前被派至臺南，透過教會信仰的力量和凝聚力，不只傳遞信仰，更實踐了「用生命影響生命」，教會不只是教友們固定聚會的場域，也是彼此接納、學習語言、互相支持的地方，甚至，在這裡也是一個教育的園地，給予下一代關於部落、原鄉、語言的連結。

原住民是最早在臺灣生活的族群，原住民多數信仰基督教，翻閱坊間相關基督教信仰研究提出一個觀點，「神要賜福臺灣，一定要從原住民開始，因為，原住民是最早來到臺灣的族群，如同神在臺灣最早的選民。」

基督宗教傳入原住民族社會是歷史的重要事件，演變至今日，基督教不單單只是原住民族人的宗教信仰，更成為原住民族人的文化認同，尤其，在原鄉部落當中，教會本身更成為原住民族人族群意議覺醒的場域。

身處非原鄉的都會區，教會其所扮演的角色更顯重要，既是原住民族人的信仰中心也是一處情感寄託之所在。永康地區

福山門教會就有一項觀察，即便族人全數都屬勞工階級，日以繼夜工作之餘，但逢假日，這些原住民族人也會排除萬難參加教會的活動，透過每周一次的聚會，覺得身心安適。

採訪盧玉香這一天，她正在幫忙教會的幹事照顧剛出生滿月的小女嬰，「牧師也提供幫忙顧小孩服務？」「沒有啦，就剛好順便啊！」盧玉香開懷笑說，教會豈止幫忙顧小孩，欠債、交通事故等日常生活想得到的生活瑣事都在教會服務的範疇，「給予陪伴、諮詢，當教友的後盾，來到這裡，大家就是一家人。」

盧玉香說，原住民第一代來到都會區討生活，工作不外乎仍以高勞力密集產業居多，這也可以說明，何以臺南市永康區的原住民人數冠居全南市，因為這裡工廠林立、自成一個聚落，加上原住民群居習慣，一個介紹一個，親朋好友相互呼朋引伴，大家就一同來到這裡生活、工作；到了第二代、第三代才可能有機會跳脫高勞力密集的工作，尋求「中上」的職業選項，她說，從原鄉出來，第二、三代就有可能去當工程師、護理師，這個現象也越來越趨於普遍，讓原住民在就業上，有機會走出高勞力密集的框架。

原住民走出一條路，教會扮演的角色是成為他們最堅強的後盾。《臺灣教會公報社》社長方嵐亭說，目前臺灣原鄉部落高達近9成原住民都是基督徒，可以說，在原鄉信仰非常虔誠，

然而，來到都會，大概剩下 50% 的人繼續堅定信仰，非常可惜。

盧玉香則分享南原教會的例子。她過去因心疼在都市打拚的原住民會友多數長期從事勞力高風險職業，又不懂自我保護，導致陷入財務、法律困境，她接受專業理財協會受訓後，也在教會開設「理財有道」課程，致力幫助會友們脫離財務困境，也居中協調債務糾紛等。

她說，南原教會雖隸屬排灣中會，然而，實際上較有遍及多元族群，包括排灣、布農、阿美、太魯閣、泰雅與平地人，平地人又分本省、外省人，教會不定期舉辦主日學、社區服務、福音會等活動，目前教友人數 100 多人，固定聚會約 80 人。

但她也不諱言，當第一代父母不熱中信仰，傳承信仰這件事就只會越來越艱難，因此，她透過各種形式的活動將大人、小孩拉進來教會，好比新學期開學就頒發獎學金，從幼兒園到大學的在學生都能領取獎學金，另每兩個月也舉辦一次族群主日學，例如泰雅族日當天，全員都要穿戴泰雅族相關服飾、頭飾，說泰雅族傳統語言，將傳統部落的意識灌輸在大家身上，以自己的語言、文化為榮、有感，進而親近自己的部落傳統。

盧玉香說，對教友來說，一生都緊緊與教會牽繫著，從出生到死亡，生老病死都與教會息息相關，這是一個支持團體，也帶給族人凝聚力量，即使都會沒有部落、離原鄉好遠，但教會就是大家的部落、大家的家。

　　魯凱中會南凱教會目前會員人數則僅約 40 人，以魯凱族為主。主日禮拜以華語為主，但也會以母語讀經，聖詩則採兩節華語、最後一節魯凱語方式吟唱，除了讓會眾都能聽懂，也兼顧母語學習與保存。

　　南凱教會大概 1983 年由一群到臺南工作的魯凱族人共同設立。這群魯凱族人年輕有感於在都市謀生不易，薪水又少，但族人對信仰相當堅持，也希望保存自己的文化，於是形成一個信仰聚集地；後來，不同族群聚在一起，自然也希望每個族群文化都能得到保存，於是也安排不同族群主日或透過小組方式，讓相同族群的會友能以自身語言聚會。除了日常聚會，高雄原住民大專學生中心招聚臺南地區原住民學生成立「那魯灣團契」也固定在此聚會。

　　由於都市原住民沒有部落生活，臺南聖教會近年來在每年 3 月舉辦「原住民主日」，邀集 5、6 間同屬都市原住民教會的弟兄姊妹相聚，大家透過固定聚會交流情感，也藉此建立起宛如在部落生活的型態。十多年前，南聖 3、400 人時就開始投入原住民服事，從臺東原住民學校合作開辦夏令會課程開始，接著一路巡迴到新竹、南投、花蓮和屏東等地，涵蓋布農、卑南、排灣、鄒族和泰雅族等，每年有 14 個梯次夏令會。

　　不過，誠如調查數據顯示，除了基督、天主教信仰，原住民族人信仰也隨著人口分布零散且遼闊，部分地區的族群信也

圖1：南凱教會舉辦法律扶助講座。

圖2：南凱教會舉辦法律扶助講座幫助原住民族人。

圖3：南原教會為每個族群一年舉辦一次文化主日，目前有卑南、布農、阿美、太魯閣、漢族（平地人）、排灣族等六個文化主日，圖為阿美族。（南原教會提供）

圖4：南原教會為每個族群一年舉辦一次文化主日，目前有卑南、布農、阿美、太魯閣、漢族（平地人）、排灣族等六個文化主日，圖為阿美族。（南原教會提供）

圖5：南原教會晉升禮拜為所有學生準備獎學金也為升學的學生製作原住民的項鍊或手鍊，象徵祝福與禱告。（圖片來源：南原教會提供）

圖6：南原教會晉升禮拜為所有學生準備獎學金也為升學的學生製作原住民的項鍊或手鍊，象徵祝福與禱告。（圖片來源：南原教會提供）

第四章

原住民社團

　　臺南市目前原住民相關組織包括了臺南市原住民發展協會、臺南市原住民文化發展協會、臺南市原住民公共事務協會、臺南市原住民部落聯盟協會、社團法人臺南市原住民教育文化發展協會、社團法人臺南市都會原住民服務協會、社團法人中華民國南瀛原住民社會關懷服務協會、社團法人臺南市馬楞楞學會、臺南市原住民營造勞動合作社、臺南市原民運動發展協會、社團法人臺南市玉山原鄉全人關懷協會、臺南市臺灣原住民永續發展協會及洄瀾舞集、灑舞部岸，除了後兩者為舞蹈社團，其餘則分屬不同性質的社團。

　　以族群來看這些組織的話，其中，由阿美族人與布農族人所設立的社團佔大宗，以特色而論的話，臺南市臺灣原住民永續發展協會主要協助都會原住民學童生活、教育、品格問題，透過課後照顧班的課業陪讀（含課輔、品格教育、傳統技藝及文化訓練課程，讓都會原住民學童不會因為家庭及經濟因素剝奪向上學習的機會。該協會所照顧的原住民學童幾乎都是單親、隔代教養或中低收入戶及特殊境遇的原住民各族學生，在校課業程度普遍不佳，家長多數也無經濟能力負擔安親課輔班費用，期望能提升這群弱勢孩子們的競爭力，讓他們有更多機

會翻轉未來。

　　上述這些社團或許存在功能性重疊、服務性質相近，不過，也顯示在臺南原住民族人不到 8,000 多人的大環境下，原住民族人的相關族群意識抬頭，進而延伸孕育出這麼多的社福團體，既為原住民喉舌發聲也提高原住民族人的能見度，不論是在文化、教育、藝術著墨或是在硬體上爭取更多設施與福祉，之於原住民而言，都不是壞事。

第一節　NAY 大地工藝坊

　　編織、木雕、十字繡等藝術表現，都是原住民傳統工藝的表徵，極具特色，而原住民傳統民俗工藝，更無疑是展現了人民生活智慧的，臺灣原住民歷經殖民統治等外在因素破壞，許多有形及無形的文化資產漸趨沒落甚至消失。

　　眾所皆知，原住民文化傳統囿於沒有文字，因此，口述自然成為部落傳遞訊息的重要管道，部落中一直流傳著的神話當然也就成為了原住民藝術與文學的發展基礎，據此衍生出雕刻、身體圖騰、編織等，另外，部落甚為重視的祭典儀式，諸如賽夏族矮靈祭、阿美族豐年祭等等，儀式使用的各式祭品用具也體現了藝術樣貌。

　　原住民藝術大致上包括編織、製陶、織繡與雕刻等類別，

也因為部落社群各異其趣，各自所擅長的工藝傳統也大不相同。2008 年風靡全臺灣的電影《海角七號》，戲中女主角送給樂團成員原住民「琉璃珠」，一時間，成為深受歡迎的禮物，不少民眾到了原住民部落都會詢問：買得到琉璃珠嗎？

事實上，琉璃珠是源於排灣族人的工藝。對排灣族而言，琉璃珠是結婚時使用的聘禮，同時也是頭目傳家之寶，不同的琉璃珠圖案也各自擁有特別意涵，例如代表勇氣與榮譽的勇士之珠、祝福愛情的孔雀之珠、招財並有守護土地意義的土地之珠等。

不過，多數人並未深究琉璃珠出自哪個部落，因此，千萬別以為只要是看到原住民工藝品，就認定它們都來自相同部落，或者是每個部落都一定看得到琉璃珠。同樣景況當然不只發生在琉璃珠上，其它出自原住民部落的工藝品也有類似際遇，大家看過、覺得有印象好像出自原住民之手，但來自何方，可就需要再想想了。

以下簡單介紹原住民相關工藝，如十字繡服飾來自於卑南族，泰雅族、太魯閣族、賽德克族則擅長織布，排灣族及魯凱族則以雕刻、珠繡、琉璃珠鍊著稱。回到上述，原住民傳統技藝與知識依賴口傳、家族相傳等，因此，原住民各族多擅長就地取材進行工藝製作，如噶瑪蘭族傳統香蕉絲編織、阿美族擅長各式竹藤草編、布農族與鄒族因居住高山，常以藤來編製揹

籃及容器等。

　　《從漢人角度看原住民當代藝術的跨族群想像》論文所述，原住民藝術表現以 1990 年代作為一個分水嶺，大致上，可分為三階段變化。第一階段在 1990 年代以前，此時期為同化殖民時期，受文化殖民操控傳統；第二階段則為 1990 年代，又稱為泛原住民藝術；第三階段為 1990 年代後期至今，稱為現代藝術。

　　學者盧梅芬在《天還未亮：臺灣當代原住民藝術發展》一書解釋，國家、權力和資源持有者希望看到原住民與己差異，滿足了自身的異國慾望；相對地，原住民亦希望透過差異被國家、權力以及資源持有者的眼睛看見，並從殖民者眼中看見優秀的自己，甚至逐漸演變成以差異符號保障創作的能見度。但同時也有無奈地滿足觀者的需求，以確保自身的基本生存與生計問題。

　　不論是藝術品或工藝品，原住民透過藝術詮釋手法，延伸出藝術商品，進而找到生存利基點，是不爭事實。

　　由玉山原鄉全人關懷協會、原民工藝家組成的「NAY 大地工藝坊」2019 年 6 月期間曾短暫進駐藍晒圖文創園區，提高原住民朋友的工藝作品能見度，被更多各地觀光客看見，期間也曾舉辦「原漾青春」市集展演快閃活動，應景端午節推出小米粽等系列活動。

　　藍晒圖文創園區 BLUES 藝廊和民族事務委員會合作，透過釋出空間以推廣臺南地方產業、各族群文化意象及優質品牌的策展空間，集結原住民文創達人與道地的原民美食工藝登場，希望讓新世代原住民青年，能將文化養分轉化為具體成品，呈現他們心中對於土地、家鄉的思考與思念。

　　玉山原鄉全人關懷基金會總幹事買秀珍說，NAY 工藝坊集結包括各族中青世代職人，創作出多采多姿的飾品，而且，除了原住民族的手作工藝品之外，也有部分是由西拉雅族耆老所創作的竹編。

圖 1：由玉山原鄉全人關懷協會、原民工藝家組成的「ＮＡＹ大地工藝坊」2019 年 6 月期間曾短暫進駐藍晒圖文創園區。（圖片來源：臺南市文化局提供。）

圖2：賽德克青年創作的原住民火舞。（圖片來源：臺南市文化局提供。）

圖3：「NAY大地工藝坊」2019年6月期間曾短暫進駐藍晒圖文創園區。（圖片來源：臺南市文化局提供。）

圖4：「NAY大地工藝坊」2019年6月期間曾短暫進駐藍晒圖文創園區。（圖片來源：臺南市文化局提供。）

圖5：原住民竹編工藝品。（圖片來源：臺南市文化局提供。）

圖6：「NAY 大地工藝坊」2019 年 6 月期間曾短暫進駐藍晒圖文創園區。（圖片來源：臺南市文化局提供。）

圖7：臺南應用科技大學舞蹈系舞團 2019 年度製作以民俗文化為主題，演繹排灣族原住民舞蹈。（圖片來源：臺南應用科技大學提供。）

第二節　自創品牌：原味臺南

　　原住民族委員會近年致力輔導原住民族手工藝品轉型為文創商品，各縣市都有不少原住民族文創業者透過塑造個人品牌，建立頗具特色、專屬原住民族文化的文創商品。

　　在臺南則有一個「原味臺南」品牌。經營者高綉宸同時也是社團法人臺南市都會原住民服務協會理事長，品牌主要販售文創織品、木雕、編織手環項鍊、耳環等極富原住民特色的飾品，她與 5、6 位設計者一同投入設計、手作，從無到有，漸漸累積作品能量與能見度。

　　高綉宸說，自己一開始其實是從成立原住民服務協會開始投身原住民的相關工作，最初，關注原住民就業議題，透過寫企劃案爭取多元就業開發方案讓原住民族人有工作可以做。前後，有多位原住民青少年來到協會上班，目前也陸續在政府、公私部門謀職，可以說，在協會參與多元就業的契機，協助為日後的就業鋪路。

　　也是在這樣的過程中，喜愛手作藝品的她同時走進中華醫事科技大學、首府大學、臺南應用科大等多所大專院校社團授課，教導學生利用原住民特色的素材開發編織品、相關耳環、手鍊、項鍊等，每一樣手做產品都獨一無二。

　　這幾年參與市集擺攤，受到相當好評。但她其實也遇到瓶

頸，就是幾次出國參展，都有人與其接洽想要下大量訂單，今年 4 月在臺北參與文創市集，也有免稅商店找上門，甚至中國大陸也興致高昂，但礙於手工製作，量產仍有難度，因此，目前還是維持少量、手工生產而已。

高綉宸說，原住民文化對於多數人而言還是極富魅力，她也為每樣產品都說上一個故事，跳脫一般飾品只是追求美感，她的每一樣飾品都有原住民文化的意涵在裏頭，她笑說，消費者一開始也只是看外表，經她一解說，往往會被故事或其特殊蘊含的意涵所吸引，在互動的過程中，不只是單純販售商品，而是傳遞了原住民的文化與精神，這，無疑也是是她創作源源不絕的動力。

她強調，當初設立品牌就是邀請都會區原住民族設計師或手做創意家之手，一起投入設計商品，目的更是為了推廣原住

圖 8：高綉宸手作的原住民意象項鍊。

圖 9：高綉宸手作的原住民意象項鍊、耳環。

圖 10：高綉宸發揚原住民的手工藝特色，自創品牌。

圖 11：每一件原住民手工藝背後都蘊含部落的特色與典故。

圖 12：每一件原住民手工藝背後都蘊含典故。

民族文創、美學以及扶持都會區清寒和弱勢家庭，未來，也會持續以社會企業發展為目標，為原住民文化、為原住民族人盡一點心力。

第三節　洄瀾舞集

眾所皆知，原住民能歌善舞，極具表演藝術天分，在臺南，就有這樣一個原住民舞蹈團體。臺南市第一個立案的原住民表演藝術團隊「洄瀾舞集」，由來自花蓮吉安鄉的阿美族人曾順妹成立，希望能用美麗的樂舞詮釋阿美族的文化，於是 1999 年間創設舞團，當時是立案於原臺南縣，創團理念就是希望沿襲原住民所保留下來的傳統文化，藉由舞蹈藝術展演，表達對祖先的感念與祈福之情。

「洄瀾舞集」集結來自花蓮、臺東、屏東、嘉義等地原住民及熱愛原住民文化的非原住民族團員所共同組成，她們因為求學或工作緣故來到了當時的原臺南縣，目前也是臺南市政府文化局合法立案的表演藝術團隊。

花蓮昔稱洄瀾，舞團成立初期，團員多數來自花蓮阿美族人，因此，便以花蓮舊名當作團名，命名「洄瀾舞集」，團長曾順妹希冀透過成立「洄瀾舞集」，除了能聚集身在異鄉的族人之外，也希望能讓有緣相聚一起的各族族人凝聚向心力。

　　曾順妹早年就在部落文化村從事舞蹈工作，爾後因為部落工作環境不佳，北上到鶯歌做陶瓷，之後跟丈夫結婚，這才移居到臺南，但她從來沒有偏廢舞蹈。她說，原住民的樂舞蘊含了傳統文化和生活型態，可以說，原住民的精髓都藏在樂舞之中，她認為，要發揚原住民文化，必須真實地將文化傳承下去，並且加以創新，才能舞出新風貌。

　　因此，舞團的舞碼表演秉持了原住民傳統文化以及對祖先的感念與祈福之情，也融合了原住民歌聲、舞蹈，展現深層原住民的文化，也讓更多人可以與原住民文化有更多接觸、更深入的瞭解。

　　此外，也因為團員來自不同族群，彼此也能從團隊中學習、接納及認識彼此不同的文化差異，融會貫通再向外發揚，顯現了對多元文化的包容。

　　洄瀾舞集歷年來參加大大小小藝術民俗舞蹈比賽，均獲得優異成績，同時，每年也固定發表舞作在國內各地公演，此外，也曾多次代表臺灣受邀到日本、美國、尼泊爾、韓國、土耳其及新加坡等地，參加當地藝術節慶，期使外界透過洄瀾舞集的詮釋，正確認識臺灣原住民多元族群文化。

　　雖不是職業團隊，不過，洄瀾舞集每年仍會發表新作，一年推出一公演，見於多數人對原住民的文化意識仍是停留在相當表淺的認知，2004 年起，舞團更走入國中小學、高中、大

專院校原住民社團、社區及民間機關，讓臺南民眾對臺灣原住民族文化有更深入的了解。

　　洄瀾舞集認為，開啟文化薪傳的工作，目的無非是希望藉此讓更多年輕一代的學子了解、認知臺灣原住民各族群的真正精髓，永續傳承下去。

第四節　Sa'opoan 灑舞部岸

　　2013 年成立的 Sa'opoan 灑舞部岸，是由阿琺思・希給宥成立，這個舞團特色是透過田野調查，以部落元素結合當代創新思維，舞動原住民藝術，傳揚文化涵義。除了受邀到各地演出，同時也走進校園推廣教學，凝聚都會原住民向心力，拓寬並提升文化視野，進而培育第二專長。

　　灑舞部岸舞團成員 20 多人來自阿美族等五大族群，年齡從 20 幾歲到 60 幾歲不等，舞蹈均由阿琺思・希給宥編舞，而且，為了深入了解各族文化，創作前，她先至部落田野調查，了解歷相關文化典故及蒐集耆老口述歷史。

　　而本身是有氧舞蹈老師的她也為了能進一步推廣原住民文化，更將原住民傳統歌樂與有氧舞蹈融合在一起，藉此發揚原住民文化，也讓人看到耳目一新的原住民舞蹈特色。

　　整體來論，原住民藝術工作者從肢體到從事各類別創作，

取材趨於多元，這股創作風潮也在各部落遍地開花，且有跳脫傳統框架的走向，以各部落沿襲至今的圖紋來說，也變成了一種創作符碼，於是，也有學者認為這股「新工藝傳統」儼然使得傳統符號主題與文本產生轉變，在這個大環境的驅動之下，原住民部落工藝傳統性、特殊性與族群區隔性似乎趨緩，換言之，形成了一種為普羅大眾審美觀所接受的原住民風格。

圖 13：原住民舞蹈是最廣為人知的特色。

圖 14：Sa'opoan 灑舞部岸除了受邀到各地演出，同時也走進校園推廣教學。

圖 15：原住民圖騰也常被延伸作為各式藝術創作的表徵。

圖 16：《1915 預見時尚 —— 森丑之助鏡頭下的臺灣原住民服飾與配飾》，由臺南二中校友會發表問世，呈現穿越時空 100 年的時尚，顯見原住民美感歷久彌新，足堪臺灣最早文創潮流。

圖 17：《1915 預見時尚 —— 森丑之助鏡頭下的臺灣原住民服飾與配飾》，呈現穿越時空 100 年的時尚，顯見原住民美感歷久彌新，足堪臺灣最早文創潮流。

圖 18：臺南市美術館 2019 年 7 月初開展的「將藝術掛在心上」，展出全美戲院電影海報手繪師顏振發繪製的電影看板〈賽德克巴萊〉，由魏德聖執導的這部電影，讓更多人關注原住民的歷史與故事。（圖片來源：南美館提供。）

圖 19：臺南市美術館 2019 年 7 月初開展的「將藝術掛在心上」，展出全美戲院電影海報手繪師顏振發繪製的電影看板〈賽德克巴萊〉，由魏德聖執導的這部電影，讓更多人關注原住民的歷史與故事。（圖片來源：南美館提供。）

第五章

原住民文化融入教育

　　一個文化要向下扎根，學習語言無疑是最根本也是必要的一條路。臺南市政府走在「原住民文化教育法」法令之前，認為原住民語言學習不僅限於是原民住的事，更是全民的事，於2015年設立原住民族教育資源中心，統籌原住民族教育等學習相關事項。

　　原住民文化的扎根學習，伴隨著離開原鄉已久，傳承有難度，臺南市因應原住民族人口比例低，原住民文化學習環境型塑不易，又顧及原住民母語推廣，透過部落學校交流、校園原住民文化饗宴等教育鋪陳，希冀讓學生親身體驗原住民文化，讓學生親身體會原住民智慧與經驗，培養學生尊重與欣賞他人及不同文化的人本情懷。

　　建置在臺南市政府教育局體制下的原住民族教育資源中心，與地方原住民社團緊密結合，建立一處原住民學生交流互動的平臺，培養學生多元文化情懷。

　　教育另一個重要意涵，是提升原住民地位與信心。原住民在整個社會大環境底下，到底存不存在標籤？一般來說，答案或許見仁見智，而這也與家庭背景、父母學歷、社經地位息息相關，但，回歸教育現場，原住民孩子文化水平普遍居於弱勢，

參考「吳明隆、林慶信（2004）。原漢學童學習行為與學業成就之族群、性格因素的比較研究」報告中所述：

回歸教學現場，原住民學生因文化背景的不同，再加上外型的獨特、口音的特殊，及家庭社經地位不高等因素，導致不易融入學校團體生活，造成自信心低落或畏縮、逃避學習等現象，間接影響學業成績普遍不佳。

有鑑於原住民學子通常會與獎項畫上等號也多與運動、歌唱等項目有關，似乎少有機會上臺領取獎項，教師出身、曾任臺南市議員的蔡玉枝，擔任市議員任內固定會準備畢業禮物送給原住民的應屆畢業生們，但卻遭遇校方拒絕頒獎給一個麻豆原住民國中生，因校長質疑：成績這麼差為何能領獎？她後來刻意去了解這個孩子背景，原來該生出身隔代教養家庭，由阿嬤帶大，因為家境差，所以晚上必須去打工賺錢，做為跟阿嬤的生活費，「他那麼孝順阿嬤，難道不值得領獎嗎？」她後來鼓勵該生：「哪天很有成就，再風光回來，證明給校長看。」值得欣慰的是，蔡玉枝說，這名孩子後來高中選讀餐飲科，高一下學期就拿到證照。

還有一個孩子家境不好，單親家庭，每天要走很遠的路上學，她後來買一輛腳踏車給這個孩子，孩子感動不已對她承諾

「我以後會好好讀書報答妳。」這個男孩後來選讀護專，目前在醫院擔任護理師。她堅信，公開鼓勵孩子，這對孩子是助力，她也娓娓道來後來有學生寫信給她致謝：「當年謝謝妳頒獎給我，我以後會繼續努力。」後來這個孩子考上臺東女中也考上了不錯大學，他認為，要鼓勵弱勢孩子，不要放棄自己，多給孩子鼓勵，也是幫他們打開生命裡的另一扇窗。

第一節　原住民文化教育內涵

《原住民教育政策白皮書》載明：臺灣為多元族群、文化薈萃之地，臺灣族群語言及文化具有其特殊代表性，為因應臺灣社會發展需要，促進多元文化之理解與尊重，有關族群議題在教育面向推動，不僅保存本土文化資產，更服膺世界主流價值。

受到國際多元文化及臺灣本土文化思潮影響，原住民族的文化更受重視，政府也挹注資源，希望透過教育保存原住民族文化。

原住民族教育法第一條規定：「根據憲法增修條文第十條之規定，政府應依原住民之民族意願，保障原住民之民族教育權，以發展原住民之民族教育文化。」

任何一個族群在經過被統治的漫長歲月，語言的消失無疑

是最常被論及的課題。以臺南市積極爭取正名十多年的平埔族群西拉雅族,其語言早已被國際上列為是滅絕的語言,然而,這項消失長達 150 年的語言,如今在當地人推動下,重新復興有成,更走進臺南市 13 所小學展開教學。

消逝的語言都有可能重生,何況只是瀕臨凋零、尚未消逝的族語。

懷著語言不能消逝的理念,政府基於傳承及保留民族歷史、語言、藝術、生活習慣、社會制度、傳統文化教育的使命,同時,也為強化原住民學生認同民族文化,讓非原住民學生瞭解各部落的多元文化特色,學會尊重民族教育,透過推動教學計畫協助學生或家長認識民族教育文化特色及發展,藉由建立數位學習網絡推動民族教育活動。

為了將住原住民文化融入教育政策,教育部也具體朝這個目標實踐。

教育部於 1995 年起,明定「國小三至六年級增設『鄉土教學活動』一科,每週一節,由各校自鄉土語言、鄉土歷史、鄉土地理、鄉土自然等內容中,自行編纂或選擇教材,進行教學。」

1998 年,政府頒布「原住民族教育法」,保障原住民的教育權,各式專門為原住民編寫的教材,隨即在短時間內蓬勃發展。

2000 年，教育部將本土語言（臺灣閩南語、客語、原住民語）納入正式課程；2003 年頒布國民中小學九年一貫課程綱要，其中，選修課程類別提到「國小一年級至六年級學生，應就閩南語、客家語、原住民語等 3 種本土語言任選一種修習，國中則依學生意願自由選習。」

2006 年，教育部提出鄉土語言列入語文領域，並占「語文學習領域」之教學節數，每週至少一節以上，各校得依實際需求彈性增加所需教學節數，以符實際所需。唯應在語文領域占總學習節數 20-30% 之比例時間範圍內，由學校課程發展委員會研議決定。

咸認原住民教育深化與扎根，很重要一個關鍵，是族語的推廣。目前，全臺每一縣市都各自制定原住民族語的學習和認證，最早推行的則是新北市。1987 年解嚴後，少數族群語言漸受重視，1990 年，烏來鄉烏來國民中小學率先教泰雅語，率全國之先，成為國內正規教育體制中教授原住民族語的先驅。

1995 年至 2006 年時期，原民會推動語言復振相關政策與配套措施，教育部進一步在 1998 年公布「國民教育九年一貫課程總綱綱要」，各校可依據實際情況彈性選擇各主題於「本土教學活動」中實施。2001 年同時也將全國各中小學九年一貫課程中「本國語文學習」領域裡的「本土語言」成為正式課

程之一。

教育部完成「臺灣原住民族語言書寫系統」，於 2006 年 6 月 21 日訂頒「高級中等以下學校及幼稚園推動臺灣母語日實施要點」。

現階段，相關單位仍持續進行族語推動計畫，例如編纂「臺灣原住民族歷史語言文化大辭典」、辦理「原住民族語言書寫系統」教育體系相關研習活動、辦理「泰雅族外來語語彙蒐集建置工作」、辦理「原住民族語文學創作獎勵活動」、編輯「原住民族語文學」作品集、臺灣原住民生活用語的審查與出版、制定原住民族語言書寫系統、補助民間團體的社區族語推廣計畫方案。

「發展原住民族教育五年中程個案計畫」，執行期間為 2006 年 1 月至 2010 年 12 月，為期 5 年，落實原住民族語教學的計畫，如規劃於原住民地區結合部落資源、設置「學前兒童族語教室」及訂定獎補助辦法、鼓勵學校推動族語教學、營造族語校園及辦理族語活動、建立族語教學人員之培訓與研習制度、補助設置各族語教學網站、提供族語數位教學資源並考核成效、規劃辦理將族語融入各種課程教學之課程實驗及研習，以創新族語教學的活力。

2008-2013 年推動「原住民族語言振興六年計畫」分期（年）採行措施與分工，如健全原住民族語言法規、成立推動

原住民族語言組織、編撰各族語言字詞典與教材、推動原住民族語言研究與發展、培育原住民族語言振興人員、推動原住民族語言家庭化、部落化及社區化、利用傳播媒體及數位科技實施原住民族語言之教學、辦理原住民族語言能力認證、原住民族傳統及現代歌謠創作收集及編撰，重要政策、法令翻譯及族語翻譯人才之培育。

圖 1：為加深原住民孩子對部落文化的體驗，臺南市政府教育局特別於暑假期間舉辦為期 6 週「原民小子 Palakwan 夏令族語文化體驗教育營」。

圖 2：透過體驗式學習讓原住民文化向下扎根。

圖 3：臺南市政府於 2015 年設立原住民族教育資源中心，統籌原住民族教育等學習相關事項。

圖 4：孩子們不分族群學習原住民族相關文化、教育。

圖 5：孩子們學習原住民族相關文化、教育。

圖 6：德高國小校園樓梯牆面裝飾的原住民各族介紹。

圖 7：德高國小校園樓梯牆面裝飾的原住民各族介紹。

第二節　校園開設原住民族語課程

語言，是文化的一部分，語言的流失也被視為是一個民族、文化的消逝。

簡言之，原住民語言的流失，背後代表著原住民主體性和族群認同基礎的消失，為此，2012 年，原住民族委員會還因此啟動「搶救原住民族瀕危語言實施計畫」，積極推動原住民族語的復興，同時透過「自己救自己」計畫，擬定由部落自主成立搶救組織。

根據內政部〈八十四年臺灣地區都市原住民生活狀況調查報告分析〉，由 1994 年底到 1995 年底，都會區原住民家庭以母語為主要使用語言百分比，由 42.20% 降為 38.80%，使用國語的百分比則由 53.32% 提高為 60.49%。不過，稍可堪慰的是，高達 85.91% 都會區原住民父母贊成國小教母語。

都市原住民家庭自身使用母語／族語比例都下滑的前提下，顯見，都市原住民在學習母語／族語的最大挑戰，還是早已習慣說國語。

不少原住民族教師也不諱言，即使在學校教族語，但孩子在家甚至回到原鄉部落，與長輩、親友交談依然使用慣用的國語，生活中缺少使用族語的誘因，學習跟開口說之間，仍是存在一段不小的落差。

　　一般人對於語言學習普遍存有一種迷思，認為語言只要天天講，久而久之就會講了，然而，這個說法卻未必適合套用在原住民族語上。畢竟，道理雖然簡單，實務上執行卻有難度，即有原住民教師直言，現行教育體制豈可能接受「天天」講族語，何況，又怎可能奢望一周只上一堂的原住民族語課，就能發揮好的學習成果？

　　以臺南市推展原住民族語多所小學為例，事實上，訪談之中不難發現，血液中留有原住民血統的孩子，反而往往會因為父母認為「不需要」，婉拒上族語課程的安排，「不用刻意學，學了也不一定有用。」

　　站在推廣立場的校方反而還得回過頭尋找非原住民子女的本地孩子學習族語，「就當作多學會一種語言、增加技能。」

　　學界歸納，原住民族語之所以面臨仍不能廣為被利用，原因涵蓋很多層面，從全面的歷史觀點來論述，主因自然是因為長期施行「單一國語政策」所致；教育體制規範了國語成為國民必學必講的語言，限縮其他語言被使用的機會，弱勢語言更形弱勢。

　　其次，回歸到正統學習原住民族語遇到的瓶頸，則是多數詞彙不會講，也就是說，即使現況是將族語帶進課堂，然而，學生所學字句要如何能在生活中被使用？也是一大問題，沒有相對應的使用環境，學習成效自然難以彰顯。

另一個關鍵因素是，原住民族部落生活共同體早就已經改變，導致母語學習教育環境也隨之變化，原住民部落族語雖不至於完全瀕臨消失，但不爭事實卻是，年輕一代聽說能力均不足，如何突破年輕一代「聽與說」困境，也是當務之急。

臺南市原住民族教育資源中心主任白惠蘭指出，目前中小學的孩子家長普遍就是生長在政府推動國語教育的年代，正因為國語政策教育推行得十分徹底，也使得這個時期的五、六、七年級生原住民家長們，從小就是在說國語的環境中成長，說母語、使用母語的機會微乎其微；也因此，這群「說國語原住民」的下一代，亦即目前的國小、國中生，大抵只有回到原鄉部落，遇到阿公、阿嬤才有可能聽到、用到部落族語的機會。

在這樣的大環境養成底下，雖然，臺南市連續在族語認證通過率全國第一，寫下14連霸紀錄，在非屬原鄉部落的都會區實屬難能可貴，不過，族語認證畢竟是測驗，也是展現考試的成果，能否真實反映在孩子們的口說能力？這中間確實存在落差。她也強調，「有在學習族語，總比沒有學來得好」，她重申，至少，語言是有被學習、傳承的，而非只能被動處於瀕於式微與消失的宿命。

國中小學校陸續開設原住民族語相關課程之外，大學近年也意識到族語消逝的課題之嚴肅與緊迫，投入資源開課。

成大學務處原住民族學生資源中心在106學年度首度開辦

免費原住民語課程，有秀姑巒群阿美族語及東排灣族語課程。原資中心樂鍇・祿璞崚岸主任表示，因為意識到自己與母語學習有所斷層，因此積極開設族語課程，希望上了大學後脫離部落環境的原住民學生們，能有一個就近學習族語的地方。

不過，眼下不只族語瀕臨無人繼承的困境，就連族語師資也面臨嚴重斷層，以目前臺南市族語師資來說，幾乎年齡層都偏高，師資嚴重不足也是一個亟需面對的嚴肅課題。

同樣教授族語的劉鄭留妹也說，學族語就是要大膽開口，她說，開口即便是講錯了，老一輩也會幫忙更正，但是如果都沒有開口，就沒有機會被正確更正。

談到講母語，劉鄭留妹有深切體悟，回憶幼時住在與漢人接觸頻繁的部落，加上當年講番言（方言）會被掛狗牌處罰、來到漢人城市又害羞開口，長時間以來，使得原住民連自己的語言都不敢說，深刻感受到文化被吞噬，於是只要有時間，不管路途有多遙遠，她都願意隻身騎著機車前往教學。

一般認為，隨著原住民族人意識的自我覺醒，越來越多都市原住民青年開始投入尋根，然而，當中自然也有為數不少的青年，在返回原鄉部落的尋根過程，遇到挫敗或與想像不同的落差。

當類似經驗一再累積，確實造成不少都市原住民青年認為，與其面臨來自原鄉部落與主流社會兩造的矛盾，衝擊自我

的認同、自信等，寧可抗拒學習與面對，徹底融入主流社會，或許還簡單、輕鬆一點。

　　語言，作為連結原鄉的重要依據與工具，當這些都市原住民青年面臨認同危機，選擇不與原鄉進行對話，也就不難想見了。換言之，如果能從幼兒時期便開始賦予孩子們與原鄉文化產生連結，提供學習管道與機會，也許，便能促進都市原住民孩子多一份自我認同，多一個與原鄉產生牽繫的機會。

8

圖 8：臺南市政府推動原住民族語學習，成果豐碩。

圖 9：陳列於德高國小的原住民相關文物。

圖 10：陳列於德高國小的原住民相關文物

圖 11：原住民族文化的傳承大業，教學現場是很重要的一環。

圖 12：原住民的遊學體驗。

圖 13：札哈木會館是推廣原住民文化特色的代表性據點。

圖 14：札哈木會館一隅。

圖 15：札哈木會館常設展。

圖 16：小朋友欣賞札哈木會館的常設展。

圖 17：小朋友穿上原住民服飾表演。

　　臺南推廣族語教育走得很早，最早得從 2001 年說起，前臺南市原住民發展協會理事長柯玉緞回憶，當時臺灣正面臨經濟蕭條，政府推動多元就業方案，其夫婿顏明仁牧師於是向勞委會提案認為未來若能透過族語認證，讓原住民族語言既能傳承也能實踐需要性，提出族語透過培訓師資以利日後推廣。

　　當時，臺南縣市一共培訓 30 人，一個專案計畫 9 個月，參與培訓者在接受為期 9 個月培訓計畫結業後卻面臨沒有工作，於是，進一步向教育部提出前進學校教授族語，2004 年正式開啟族語老師走進國中小校園的開端。

　　柯玉緞說，起初，並非所有學校都接受學生上族語課，經過一段時間克服，才終於讓原住民族語課納入本土語言教材，縣市合併後，隨著臺南市率全國之先成立原住民族教育資源中心，族語教授計畫也正式從民間轉移到教育局轄下掌管，由教育執掌單位負責族語培訓暨傳承的大業。

　　已故顏明仁牧師畢生致力於布農族語的書寫使用與語言保存，著手翻譯布農族語聖經，也創作許多族語書寫文學，並擔任郡群布農語九階教材的編寫修訂語錄音人，前後也編輯四套語文補充教材，分屬字母、歌謠、圖畫故事篇、生活會話篇、閱讀書寫篇以及文化篇，為布農族貢獻實體文字化的學習工具。此外，編輯線上辭典提供族語使用者即時資料庫，搜尋所需布農族語詞，為布農族語言文化的保存與推廣立下深厚根

基。

　　不少族人受到顏牧師的感召，喚醒族語復振意識，進而從事族語文工作。顏明仁牧師於 2019 年 3 月 12 日病逝，原民會為肯定顏牧師一生對臺灣原住民族布農族語言、文化保存卓越貢獻，特別追頒「三等原住民族專業獎章」，表揚其對布農族語料保存與發展重大的貢獻。

一、臺南市原住民族教育資源中心

　　在都市裡遇見濃濃原住民特色，是臺南市原住民族教育資源中心的一大特色。臺南市原住民族教育資源中心主任白惠蘭表示，原民中心執行目標是以推廣文化遊學體驗、傳承原民智慧素養、活化教學教師增能為目標，目前聘任三名專職族語老師，分別為布農、阿美及魯凱族，協助族語文化推廣。

　　原住民族教育資源中心設立於德高國小內，校園也因此瀰漫一股「原味」，設立了原住民文化走廊文物展覽室、圖書區，陳列各項原住民文物與圖書，另也設有多功能教室、教學廣場、資訊與語言學習區以利推展各項原住民文化與語言學習活動，尤其，結合多元智能與原住民族文化的遊學課程，往往都能吸引不少學校師生特地前進臺南，體驗不同於原鄉的都會原住民族文化。

　　教育資源中心成立使命是推展臺南市原住民族學生民族教

育學習課程；設立初期採活動式規劃，依據學生興趣特色，安排適性課程，增進學生對自我族群之認識與了解。

而在推展相關文化理念的同時，原住民族教育資源中心也體認，民族教育真正意涵不應僅止於認知的層面，更應落實到實際技能上，因此，也同步積極投入培養學生精熟原住民的傳統文化或歌舞，進而能讓學生從了解原住民文化到熱愛這個文化，也對自己習得的技能有信心，希望藉由從點到面的廣度，提供一般學生增進對原住民族文化的認識，促進不同族群之相互關懷與尊重，達成多元文化交流之目標，擴展多元文化的實質內涵。

布農族的石白蘭是原民中心三名族語教師之一。從南投信義鄉嫁來臺南的她，原本從事護理工作，在醫院當到護理長也擁有不錯薪水，卻毅然為了語言文化的傳承，轉換跑道。2007年開始走進小學校園教授族語，後來也延伸到國中校園，然而，初期卻面臨當時的政府並不重視族語教學，薪水有一搭沒一搭，就這樣撐了一、兩年，後來，相關族語老師的薪資福利、制度才漸漸受到重視，儘管如此，她也沒有怨言「我單純覺得這就是我的使命感，擔心如果以後的孩子都不會說族語，怎麼辦？」

石白蘭說，教族語 12 年來（至 2019 年），覺得最感動的是看到親子檔一起來學族語。她說，曾經教過孩子開始說布農

族語，孩子回家後轉而教媽媽，「媽媽，這是妳家鄉的語言」，觸動媽媽也想開始學習母語的動力。她說，一周才一堂族語課，不可能奢求學生們就能因此說出流利的族語，但，至少透過親子一起學習，這樣，她們回到部落，才有可能使用部落的語彙，這也是她一直推崇的生活化教族語。

她強調，語言不是死的，需要學校、家長配合，當大家都意識到要把自己的語言學好學會，語言傳承這件事情也就不需要擔心了。「在族語教學過程當中，我深切體認，族語及文化傳承要扎根穩固，不是喊喊口號，而是要確實去做，必須落實『從家庭做起』的觀念。」

臺南市原住民族教育資源中心定位隸屬於都會型教育資源中心，也因為臺南並無原住民部落，因此，在原住民族教育文化推展上，也扮演必須提供臺南市學生原住民族教育與文化學習的機會，並建立原住民族學生一個凝聚情感與向心力，增進對文化認識、族群認同的場域。

基於此，在實質推展上也就有別於部落型態的推廣方式，必須考量時空因素，突破相關瓶頸，以發揮教育資源中心最大效益。2016 年，德高國小為了校園全臺獨一無二、流浪教師變身教師犬的「拉拉老師」發行專屬繪本來說，也特別發行原住民語版本，在學習這件事上，體現了讓原住民族語走進生活。

　　不可諱言，在並沒有原住民部落的城市推展原住民文化，推動上，難度本來就高，因此，也必須仰賴原住民相關社團的助力。

　　原住民族教育資源中心成立迄今，與在地原住民社團互動良好，包含臺南市原住民生活教育協進會、臺南市原住民發展協會、臺南市原住民兒童暨青少年關懷協會、保證責任臺南市原住民營造勞動合作社、南瀛原住民社會關懷服務協會、臺南市原住民文化會館等，藉由與這些社團一起合作、舉辦各項社教及原住民族文教活動。

　　例如，原住民族教育資源中心揭幕、文化體驗營、文化學習列車會等漸次將學校形塑為原住民教育文化的推展中心。此外，每年也都會固定擬定年度辦理民族教育活動的策略，結合相關原住民社團扎根，不只針對自己學校的學生進行原住民族傳統文化技能扎根，強化原住民族之族群認同，也期許德高國小學子成為原住民族文化推廣種子，將其所學傳統文化技能透過演出或交流，介紹給臺南市的學生認識，為原住民族的文化傳承努力，達成多元文化教育之目標。

　　原住民文化與學習資源，不只侷限於校園的課程安排，臺南市教育局也與臺南市民族事務委員會合辦「臺南市原民小子教育營」，透過為期六週的沉浸式族語學習，藉由每一次都安排不同族的相關課程，讓各族特色能夠被更多人認識，受到原

住民家長的激賞與認可。

「在都市長大，融入部落其實是很困難的，沒想到竟然還能有機會讓孩子深耕原住民文化，體驗、認識更多傳統祭儀。」小孩實際參與教育營的家長受訪一席話，道盡多數原住民家長的心聲。

臺南市民族事務委員會和教育局也期待，孩子們透過為期六週的學習，他不僅認識自己的母語跟文化，有朝一日也能成為原住民的文化的傳承者。

二、族語編撰

為了保存原住民族語言，立法院 2017 年三讀修正通過《原住民族語言發展法》，明定原住民族語言為國家語言，政府應每年匡列預算，推動各項族語發展措施，並應培訓族語老師，學校也要提供族語課程。

條文明定原住民族語言為國家語言，地方政府、原住民地區及原住民人口 1,500 人以上非原住民地區等，應設置專職原住民族語言推廣人員，中央政府則應協助原住民族各族設立族語推動組織。政府應會商各族，研訂原住民族語言新詞，並編撰原住民族語言辭典、建置語言資料庫。

另，政府應訂定原住民族語言發展政策，優先復振瀕危語言；定期辦理族語能力調查，及辦理族語能力認證，並免徵規

費。該法施行 3 年後，原住民族參與公務人員特種考試、公費留學考試，應取得原住民族語言認證；政府機關、公立學校進用人員時，應聘用具原住民族語言能力者。

此外，為了落實世界語言權宣言的規定，所有語言都有資格在其地區內以其語言作為官方用途。條文明定，原住民地區內的政府機關、學校、公營事業，得以地方通行語書寫公文書；原住民地區大眾運輸工具應增加地方通行語播音；政府處理行政事務、實施司法程序時，原住民得以族語陳述意見，政府應聘請通譯傳譯之。

條文還規定，學校應依 12 年國民基本教育本土語言課程綱要規定，提供原住民族語言課程，以因應原住民學生需要，並鼓勵學校以原住民族語進行課程教學；教育主管機關應培訓族語老師，協助地方政府以專職方式聘用為原則。

「母語」是根，同時也遺留了許多先民的智慧、許多傳統文化的內涵，然而隨著臺灣社會結構變遷，原住民族人漸漸忘了自己的母語，語言的消逝，也讓年輕一輩原住民和祖先的距離越來越遠。

沒有語言，文化的保存更會是個難題，然而，任何語言的學習都不是一件容易的事，族語亦然，甚至更為困難。

語言學習最重要的一個環節是教材，如何編撰合適的教材，首當其衝。語言是文化傳承的工具，也是人與人之間溝通

的橋樑，不過，在眾多原住民族語言當中，並非所有語言都有文字形式的紀錄。

為此，臺南市教育局召集學校教育人員與族語老師進行族語編撰，以利文化傳承，先後完成泛泰雅族、布農族、排灣族等族語市本教材，透過原住民族語專業教師共編、設計原住民族語言學習教材，提升原民文化教學品質，以利原住民族語的推廣。

排灣母語是世界少數民族語言中一部分，許多英雄事蹟及生活經驗都透過排灣母語傳達，使排灣族生生不息，然而，排灣族人因無文字紀錄，口述傳承也在歲月中慢慢被削減，加上人們普遍使用國語的緣故，使得排灣語漸漸被忽視，甚至，許多排灣子弟根本已經不會說排灣母語，在臺南市政府的大力支持及原住民教育中心指導下，編出排灣母語教材，另也完成了布農族母語教材。

這些語言教材聚焦於食、衣、住、行、動物、植物、身體、稱謂及代名詞等生活會話發音及用法，搭配課文、生詞及文化傳說單元，讓人能夠以淺顯易懂的範例、圖片及學習單等，展開引導練習。

不少學生實際接受族語培訓後認為，透過這樣簡易的語言學習教材，即使非原住民族的學生，也能夠親近族語，進而有機會在都會區播下族語萌芽的種子。

　　族語之外，臺南市也在短短時間內產出了自己發行的原住民族語數位繪本《山林的孩子傷心地和樹朋友告別了》、《孔雀王子的神珠》，透過在地化素材進行數位繪本製作，讓大小朋友都能欣賞、體驗原住民的文化及語言之美。

　　其中，由仁和國小創作的《山林的孩子傷心地和樹朋友告別了》，故事中主角 selemananikai（斯樂瑪拿尼開）是參與創作的其中一位小朋友，透過 selemananikai 親身經驗分享，從與原住民族最親近的大自然說起，延伸到近年來大家所共同面臨的環境生態問題。

　　繪本故事述說呈現排灣族對自然與生態環境的認知、敬畏與對應智慧，不只是一本有關原住民族文化特色的繪本，同時以排灣族語為主、國語及英語為輔，將三種語言並列呈現，繪本中也呈現原住民師法大自然的理念，「我們原住民在吃的部份只取當季的食材，而且是在地的，不需要增加額外的運送工作。住的方面，因為有大自然調節，到處都涼涼的，不像現代一樣，到處都需要開冷氣，這些都是原住民族的智慧呢！」

　　透過這樣的方式引領不同族群小朋友一起學習原住民族語之外，也深度認識原住民族文化的內涵，從小故事探索與體驗原住民族的文化特色。繪本呼應全球氣候變遷、暖化議題，透過將繪本文化創作數位化，緊密結合府城與在地原住民文化及語言元素，以利原住民母語與文化的多元推廣並國際化。

三、臺南市原住民族語認證成果　冠居全國

原住民族委員會表示，107 年度原住民族語言能力認證測驗放榜，依照考生應試結果，除了參加者之外，包含中高級、高級、優級的通過者也都有年輕化趨勢。

原住民族委員會 107 年度「原住民族語言能力認證測驗」分為初級、中級、中高級、高級、優級，其中，中高級認證測驗是今年首度納入。原民會針對測驗指出，測驗合格人數共 7,642 人，其中初級 4,006 人、中級 3,341 人、中高級 255 人、高級 22 人、優級有 18 人。

原民會表示，除了參加族語認證測驗的年齡層有年輕化的趨勢外，依照考生應試結果，測驗有「中高級、高級、優級通過者越趨年輕」的特色，其中通過測驗分布於 7 至 18 歲者，共 21 位考生通過中高級、分布在 19 至 40 歲者，則有 8 位通過高級、2 位通過優級。

原民會指出，這項結果顯現族語認證測驗已成為不分年齡、族群、國籍，並成為全民參與的族語能力自我檢測平臺，族語學習與推動向下扎根，讓年輕族人更勇於挑戰自我、精進族語能力。

根據 2007 年第一次原住民族學生族語能力考試資料顯示，共計有 10,102 人報考，合格人數約 6,596 人，第二次考試共計有 15,133 人報考，合格人數 9,715 人。用以取得族語教師資

格的「原住民族語言能力認證」，2007 年有 2,440 人報考，合格人數 923 人。綜觀各原住民族語言報考人的年齡別來看，20 歲以下合格率僅 13%。

　　儘管，原住民族語言目前仍屬弱勢語言，但臺南市政府這幾年推廣成效頗佳，在族語認證上，迭獲佳績。

　　臺南市原住民族語認證推廣十餘年，2018 年，學生參加中央的原住民族委員會辦理族語認證，該認證辦理至今已連續 14 屆，臺南市更連續 14 屆全臺通過率第一名，勝過全國平均合格率，更超過原鄉地區的通過率。

　　臺南市長黃偉哲表示，臺南雖非原鄉，但一向重視族語教學，臺南市能夠創造全國第一的佳績，一切都仰賴學生的努力以及族語老師的奉獻。其中，族語教學支援老師簡德輝為了鼓勵孩子學習母語，更以身作則精進族語並參加認證，榮獲秀姑巒阿美語優級榜首，成為臺南市第一位通過優級認證的族語老師，實為學生最佳楷模。臺南市政府一定會全力配合學校、老師以及學生推動原住民族語言教學及學習。

　　臺南市政府教育局局長鄭新輝表示，臺南市考生各級別合計通過率達 60.74%，遠超過全國總通過率 42.33%，是全國通過率最高的縣市。鄭新輝表示，臺南市向來重視族語教學，各校族語開課率逐年提高，107 學年度國中小合計開設 650 班。

　　他認為，臺南市能順利蟬聯第 14 屆冠軍，最大的幕後功

臣是許多族語老師對族語傳承負有使命感，本身即以深耕母語教學的理念，傳承族群文化價值。而且，為了鼓勵孩子學習母語，族語教學支援老師簡德輝更以身作則，自己努力精進族語並參加認證，榮獲秀姑巒阿美語優級榜首佳績，成為臺南市第一位通過優級認證的族語老師，堪稱是學生最佳楷模。

鄭新輝強調，原住民族語言與文化的傳承在市府與各界的努力之下，漸漸看到成果，但是，光是學校教育是不夠的，家庭教育更為重要，仍須呼籲家長盡可能跟孩子講母語，如果大家從孩子們小的時候就開始跟他們講母語、傳承原住民文化的話，族語及文化的扎根工作就能夠遍地開花了。

臺南市政府教育局原住民族教育資源中心主任白惠蘭表示，以該中心工作同仁來說，2018 年也辛勤投入學習原住民族語，參加 107 年度族語認證測驗成績揭曉，全員都高分通過，通過率 100%，這也堪稱是另一種臺南驕傲了。

此外，臺南市政府教育局對提升原住民族語言文化服務質量不遺餘力，自 2016 年起至 2018 年陸續編制出版排灣族語、布農族語、泛泰雅族語、阿美族語起源等教材，教材電子檔亦可至教育局原住民族教育資源中心網頁下載。

四、全國首創原住民族知識素養競賽

在原住民教育著力甚深的臺南市教育局，全國首創遊戲式

圖18：臺南市原住民學生參加原住民族委員會「107年度原住民族語言能力認證測驗」，創下蟬聯全國14連霸佳績，獲市長黃偉哲、教育局長鄭新輝表揚。

圖19：從左至右為石白蘭、臺南市原住民族教育資源中心主任白惠蘭和柯玉緞

圖20：從左至右為石白蘭、臺南市原住民族教育資源中心主任白惠蘭和柯玉緞

圖21：臺南市政府走在「原住民文化教育法」法令之前，2015年設立原住民族教育資源中心，統籌原住民族教育等學習相關事項。

圖22：校園裡頭的部落學習角落，營造原住民族文化特色。

圖23：校園裡頭的部落學習角，營造原住民族文化特色。

圖24：校園裡頭的部落學習角。

原住民族知識素養競賽活動「原知原謂」，期望透過有趣的知識素養競賽，讓學童輕鬆認識臺灣原住民族的傳統與文化特色，也讓臺南市國小學童藉由參與活動，提升對原住民族基本知識素養，增進族群認同，進而欣賞多元文化。

首屆賽事在 2019 年 5 月 14 日於德高國小登場，共 14 支隊伍 56 名學生報名參賽。臺南市原住民族教育資源中心主任白惠蘭說，如何讓原住民可以更貼近大家的生活，她和同仁們絞盡腦汁發想，收集原住民題庫經由專家學者審查後，最後選出 300 道題目，透過趣味遊戲競賽方式，鼓勵學生組隊報名參賽，也藉由生動的賽事，跳脫傳統課程教學型態，增加學子對於原住民族的認識。

教育局長鄭新輝表示，為推廣及普及原住民族知識，原民教育資源中心特別規劃「原知原謂」原住民族知識素養競賽，事前邀請族語老師參與題庫的撰寫，並參酌國小有關課程內容出題，擬定一份融合臺灣原住民 16 族群和臺南市定原住民西拉雅族，建置一套原住民族知識題庫，並與臺北市立大學學習與媒材設計系合作製作活潑趣味的競賽系統，讓競賽過程兼具人文素養和科技媒體的趣味性。

競賽活動題型包含原住民族群分佈、生活與文化、節慶與祭典、傳統工藝及樂舞等議題，採是非、單複選擇題和簡答題方式進行競賽，增添趣味性，也希望能有助於提高臺南市小學

生的原住民族知識素養。

五、建置原住民族教育原鄉遊學

坐而言不如起而行！學習從來就不只侷限於課本、教室，打破記既定框架的學習，是這幾年辦學的風氣，要促使身處都會區的學生對於原住民文化、內涵有更深一層的認識與認同，走進原鄉，無非是最佳的方式了。

早在 17 世紀漢人移入前，原住民族即已定居於臺灣，然而，在漢人移居臺灣後卻也讓原住民逐漸由平地移居至高山，留在平地的原住民逐步與漢人通婚，導致原民文化逐步與漢人合流同化。

臺南市是臺灣最早開發的城市，一府二鹿三艋舺，一府就是指臺南，臺南是臺灣最早開墾的地區，也是漢人最早遷居的首要基地，因此，在臺南可以說原住民文化痕跡幾乎滅絕了。

臺南市自身並無原住民部落，原住民族人口比例低，原民文化環境資源缺有關原住民的文化資源相當缺乏，學童們對於原住民的印象可以說都是來自社會領域課本，或是電視、書本等匯集而來的資訊，有鑑於此，為顧及原住民母語推廣，提升教師、學生原住民文化的認識，臺南市原住民族教育資源中心透過課程設計，提供臺南市所屬學校原住民原鄉部落相關遊學、踏查課程，期望臺南市學童更進一步認識、尊重原住民文

化。

依據原住民族教育法第 15 條暨原住民族教育法實施細則第 8 條，臺南市原住民族教育 5 年中程計畫就曾建置「原住民族教育原鄉遊學」。這項計畫發展並建構鄰近嘉義縣原住民部落遊學課程，目的是提升學生對於原住民文化的了解與認識，並提供臺南市所屬國民小學課程學習利用，為各學習階段之原住民遊學課程作規劃與示範，有效提升學童對原住民文化的認知。

課程設計透過學習原住民的文化藝術及生態永續生活方式，以利原住民文化藝術及生態永續精神的永續推廣。規劃嘉鄉原民遊學路線以嘉義鄒族部落為目標，尋找並蒐集鄒族部落的相關資料，在收集資料的過程中，以文化藝術及生態永續為核心進行資料蒐集及彙整。

從中了解鄒族文化藝術及生態永續的價值，分析並學習鄒族在生活中的應用方式，並探索其應用在環境變遷中的智慧，進而產出兩條半日鄒族遊學路線，並設計遊學踏查學習重點，利用遊學的方式實際拜訪原住民部落，實際接觸、欣賞及體驗原住民的文化藝術及生態永續之美。結束遊學體驗後，也讓學生記錄鄒族的文化藝術及生態永續遊學日記，分享及討論遊學心得及收穫。

遊學活動過後，也達到了提升學生對原住民文化的認知、

體驗原住民文化藝術生態永續之價值，學生經由親身參與體驗，了解原住民文化藝術價值，並引導學生認識先民因應生存環境而展現的生活智慧。這門課程也發展認識原住民部落，為臺南市原住民遊學課程奠定基礎並發展學習單與學習資源，讓臺南市全體學童都能認識多元富藝術氣息的原住民文化。

六、原住民族教育困境

臺灣社會推廣原住民族教育已有一段為期不短的時日，在「多元文化」與「學校課程自主」政策帶動下，原住民部落的學校紛紛將族群文化作為學校教育發展特色，然而，不爭事實是，當面臨社會主流現實競爭考量下，原住民學生在學習過程中，豈容偏廢？

即使 12 年國教上路，多元升學制度讓升學變得看似容易，然而，所謂升學管道的主流價值，仍是不脫成績框架，在學業為主要導向的社會氛圍下，為求日後能在社會覓得好頭路，似乎，唯有好好讀書才是最重要的事。這樣的價值觀不只存在於都會區學校，部落學校亦然，可以說，原住民學校教育仍係以一般考試需要的教育課程為主，至於其他原住民族的教育，也自然而然淪為配角。

另一個必須坦然面對的現況是，所謂傳承教育，向來重視表面更甚於重視深層內涵。

在陳宜莉的《當前原住民民族教育困境與轉機》論文揭示，現階段政府並沒有「民族教育課程綱要」的規範，亦沒有相關配套措施，各級學校若要發展民族教育課程，只能求助於教育部「教育優先區」或行政院原住民族委員會的「發展原住民族教育活動」經費補助，要不然，就是參加上級單位舉辦各項技藝競賽以拿取獎金，轉變成校務基金，才能發展校本課程（民族教育課程）。她直言，在利益驅動下，學校只能以培養學生的民族技藝為優先考量，至於歷史文化部份自然被忽略了。

此外，現行的原住民族教育多為拼湊式內容，亦不利於永續傳承。尤其，重要的是，缺乏文化情境對於學生學習更添難度。誠如各章節所述，語言學習最重要的無非是從日常生活中聽與說，在家庭或社區中延續學校的教學，學習才不至於流於只是在「課本」的單字、片語和知識。

為了喚起原住民族人對於自己文化的光榮感，臺南市原住民族教育資源中心主任白惠蘭也在 2019 年進行「Lokah NO1原民各行各業典範學習計畫」，她預計採訪十位在不同領域執牛耳、NO1 的原住民族人，提供學生、教師認識原住民族優秀典範之補充教材，為學校推動原住民族教育注入不同養分。

圖 25：臺南市全國首創遊戲式原住民族知識素養競賽活動「原知原謂」，期望透過有趣的知識素養競賽，讓學童輕鬆認識臺灣原住民族的傳統與文化特色。

圖 26：臺南市全國首創遊戲式原住民族知識素養競賽活動「原知原謂」。

圖 27：臺南市原住民族語上課情形。

圖 28：原住民文化從生活中向下扎根。

圖 29：臺南市長黃偉哲頒贈全國原住民族運動會選手獎勵金。

圖 30：原民小子夏令營讓孩子透過體驗深刻了解原住民文化。

圖 31：布農族語班深耕原住民族語教學。

圖 32：透過各類原住民相關活動與競賽，讓學童不分族群都能輕鬆認識臺灣原住民族的傳統與文化特色。

圖 33：德高國小學生的原住民音樂表演。

第三節　落實原住民終身教育：成立札哈木部落大學

學習是一輩子的事，活到老學到老，不只是一個口號而已，早已是普羅大眾的共識，原住民的學習當然也不例外。

然而，放眼坊間關於終身學習的內容，有關於原住民相關學習的內容，卻付之闕如，2002 年起，各地方政府陸續成立了以終身教育為任務的原住民部落大學，臺南市也不例外。

臺南市政府民族事務委員會為了提供並建構市民及原住民族人終身學習環境，以及積極培育在地人才，2002 年向行政院原住民族族委員會及教育部共同爭取補助設立「臺南市原住民族部落大學」，隔年，正式定名為「臺南市札哈木部落大學」。

部落大學以札哈木 Cahamu 命名，其來有自。Cahamu 札哈木，是鄒族語「府城」之意，而「札哈木公園」同時也是臺南市族人舉辦各類大大小小慶典活動的主要場所。

札哈木部落大學成立於前臺南市長的賴清德任內。當時，這是全國第一個以族語命名的部落大學，具有開創性的意義，也符合臺南歷史文化城的象徵。

部落大學的設立，無非希望能夠讓在地族人透過知識學習，立基於傳統，傳承於在地，自然，也會期許部落大學能夠

成為族人學習與交流的主要據點，目光放遠，則是希望透過札哈木部落大學，建構符合原住民需求的終身教育體制，培養富有部落文化內涵和現代知識的都市原住民。

札哈木部落大學辦學理念就是希望能夠落實文化的傳承與發展、促進都市與部落的結合，因此，在課程內容設計上，也就有別於其他縣市部落大學、社區大學，著眼於強調「自己」、「在地」的主體性，此外，也重視學員需求導向以及提升族人競爭力。

札哈木部落大學課程共分為五大學程，包括文化學程、產業技能學程、語文教育學程、社群教育學程、其他學程另還有加值特色課程，其中，特色課程類型多元，例如曾經開設排灣族美食創意料理、西拉雅族語及阿美族織布竹編、山林智慧——記憶傳承、野菜美食家、魯凱族手工編織、幼兒族語、傳統弓箭製作知識等，大人、小孩都能藉由不同課程，更加貼近原鄉傳統與文化特色。

值得一提的是，截至 2019 年，連續辦學 8 年下來，也吸引不少非原住民的朋友報名上課，平均每堂課都有 3、40 人報名。

札哈木部落大學辦學目標共計六大項，分別為傳承與保存部落文化、強化在地文化與主體意識、培育在地教育文化人才、建構傳承部大知識體系、鼓勵講師規劃跨學期課程、都市

與部落連結據點。

基於傳承與保存部落文化，因此，開設相關課程都很重視文化傳承、貼近人文，鼓勵跨領域的師資彼此相互合作，前來上課的學員，則能將所學加以發展並創新。

且為了呼應在地文化、主體意識，其中，人權教育學程列為重點課程之一，第一年於是開設了原住民社會議題及法律相關課程，培養原住民族人主動討論重大議題，藉此凝聚部落意識。

此後，每一年也接續辦理相關原住民系列講座與論壇，內容涵蓋原住民相關的幼兒多元、藝術、文學、族群主流化、建構在地知識體系等，試圖於都會地區營造部落意象，建構原住民議題討論平臺。另，也嘗試從原住民觀點談性別主流化的實踐，並從原住民族社會制度看性別平等，藉由工作坊增進大眾對於性別的平等概念，消弭性別歧視等相關問題。

2019 年的札哈木部落大學課程分別有東排灣族傳統歌謠暨祭典歌謠傳唱親子班、原住民意象於銅工藝應用、天然纖維染色手作、原住民口傳文學繪本製作、文化思維異材質皮件設計、東排灣傳統服飾、舌尖下的祖靈／原民風味時尚料理研習班、織出傳統與創新的碰撞～阿美族傳統織布、為孩子製作文化衣裳（一）織布頭飾與公主羽冠、排灣族 sikau 背袋勾織與月桃編織 - 初階班、火花的碰觸 - 珠繡與貼布繡、魯凱族手工

編織（初階班）。

可以說，這些年來，透過以札哈木部落大學作為各項資源整合的平臺，鼓勵原住民建立學習型組織、跨領域學習與合作、培養具有「文化思維」、「部落概念」及「族群意識」的都市原住民。

同時，札哈木部落大學也成為部落與都會連結窗口，讓生活於都會區原住民族人保有原鄉記憶、永續傳承文化，打造在地原住民主流文化。

這一個平臺的搭建，這幾年也陸續展現了培育在地教育文化人才的價值。早年，在地原住民講師匱乏，許多課程講師都只能必須向外地招聘，近年來，透過培育、招募在地講師，鼓勵越來越多在地人才及師資投入部落大學文化傳承行列，建立起臺南市專屬的師資資料庫、人力資料庫。

值得一提的是，部落大學這幾年還投入建構傳承知識體系的領域，旨在鼓勵教師設計自我導向學習課程，編制有系統的教材，規劃將部分課程影音數位化，開放學員能夠線上學習，累積部落大學知識資料庫，逐步建構在地知識體系。此外，另一層意義是，延伸學員課後學習需求，意即讓部落大學的學習能夠落實在生活當中，期使原住民文化在各處綻放。

部落大學，不僅是一個傳承文化及知識的平臺，更是族人學習與交流的主要據點，透過札哈木部落大學，期待能建構出

符合都市原住民需求的終身教育體制，培養富有部落文化內涵和現代知識的都市原住民。

一、發表獨步全臺的「札部大 pakitulu」APP

發揚傳統，同時也要與時俱進。

2019 年 3 月 15 日，札哈木大學特別舉辦 APP 發表暨招生，招生啟動儀式由市長黃偉哲及多名議員、部落大學講師共同拼出部落大學「札部大 pakitulu」APP 六大標籤（最新課程、課程訊息、社會福祉、學習資源、活動花絮、會員註冊），象徵透過 APP 簡易操作的介面設計，隨時掌握部落大學最新消息，連結原鄉部落文化，建構臺南在地的知識，讓文化傳承之路更便捷更開闊。

副市長王時思表示，札哈木部落大學讓居住在臺南市的族人學習到部落祖先所流傳下來的文化與技能，不論是傳統服飾、創意美食、歌謠傳唱及手作編織等，皆為部落大學不可或缺的課程元素，今年推動 APP 更打破場域限制，不論身處何處都可以文化 on line 即時學習。

這項設計獨步全臺部落大學。

「pakitulu」APP－以排灣族語「使其學習」之涵義，詮釋了透過無場域及時間限制的行動學習方式，提供使用者免費以下載 APP 應用程式，藉此提供部落大學課程資訊及線上報

名等服務。

　　此外，就連設計上也不失原住民文化主體意識。設計版面及形象皆以原住民文化意象為主體，更加入原住民 16 族生活應用會話及簡易單字學習的功能，更能輕鬆自主的學習族語。

　　2019 年度啟用的札部大「線上學習課程」，以建置部大 APP 規劃辦理 1 至 2 門數位課程，利用此彈性學習特性，解決都會區族人常因生活繁忙，或居住地偏遠無法配合於固定時間、固定地點上課的困境，透過數位課程的啟動，保存並建構在地原住民知識體系。

圖 34：部落大學上課情形。

圖 35：札哈木部落大學辦學理念就是希望能夠落實文化的傳承與發展、促進都市與部落的結合。

圖 36：原住民族在臺南深耕，圖為魯凱族人身穿傳統服飾。

圖 37：札哈木部落大學舉辦 APP 發表暨招生。

圖 38：札哈木部落大學上課。

第四節　大專院校廣設原住民族學生資源中心

「為營造多元族群友善校園，增加本校學生研究原住民文化管道，落實輔助原住民學生課業、生活及生涯規劃的工作，以提升學生的學習成效，亦讓在校原住民學生更能得到妥善的照顧，並且建立原住民學生對學校的歸屬感、對自身所屬族群的自信，設立「成功大學原住民族學生資源中心」，並依據「原住民族教育法」第十八條於學務處設置「原住民族學生資源中心」。

上述文字，是國立成功大學原住民族學生資源中心成立的緣起，成立宗旨則是為了提升校內族群多元文化觀，締造族群友善校園，讓在校原住民學生更能得到妥善的照顧；建構成功大學與原住民族地區、公私機構相關單位之合作橋梁，從事文化、教育、產業發展等研究。

成功大學學務長洪敬富說，校園是否足夠友善，需要從校園中非主流人群的眼光來檢視，「才能知道我們的校園是否能讓各式各樣的人在裡面好好生活。」

無獨有偶，放眼全臺灣的國私立大學、科大，幾乎都在近幾年間陸續成立原住民族學生資源中心、原住民族發展中心、原住民族教育及文化研究中心等，名稱雖不盡相同，但本質的內容相去不遠，簡言之，都是為了照顧原住民族學生而設立，

也是表現大專院校重視原住民族學生福利與權益的一種表現。

這些原住民族學生相關事務單位的設立，反映了教育政策對原住民族重視的現況，而，這也是過去一直以來並沒有特別被著墨及凸顯的一個部分。

隨著原住民族的就學獲得重視，各大學廣設相關獨立的中心提供資源，以下也就臺南多所公私立大專院校成立的原住民族學生資源中心做介紹：

一、成功大學原住民族學生資源中心

2017 年揭牌的成功大學學務處原住民族學生資源中心，期許成為原住民學生的依靠，並推動校園多元文化的認識與了解，在此之前，成大的原住民學生早就在 2011 年成立「原住民文化交流社團」，旨在協助、帶領原住民學生正視自己的身份問題，另外以透過音樂展演、市集等青年學子參與度較高的活動，吸引更多人共襄盛舉，也喚起外界對於原住民的認識。

原住民文化交流社團的社團課程主要以原住民文化為基礎，透過加深對文化敏感度的提升，希望讓原住民學弟妹們擁有更廣闊胸襟，看待與自己不同意見的人，認同自己也認同別人。

成大原住民文化交流社也不定期透過舉辦原住民週文化活動，促進各校原住民社團的交流，並增進校園對於各原住民族

群的認識與尊重，營造友善環境，彼此也能沉浸於文化洗禮中。

成大學務處原住民族學生資源中心在 106 學年度首度開辦免費原住民語課程，安排秀姑巒群阿美族語及東排灣族語課程。107 學年度則改為文化課程，主要是經過校內調查後，針對原民學生和一般學生們都十分感興趣的原民文化進行開課，課程包含了框織、皮雕等手工藝以及阿美族舞蹈。

成功大學原住民學生數統計 2017、2018 兩年數據，截至 106 學年度僅有 134 人，107 學年度註冊人數增為 148 人，相較於外籍學生突破千人，2018 年已經來到 1,667 人，原住民學生數竟只占外籍學生的一成不到，比例其實並不高。

原住民族學生人數在校屬於弱勢，其實也凸顯另一個課題，即原住民學生對於自己的身份認同課題。

除了一般人對原住民存在的刻板印象之外，原住民學生內心有很大一部分是面對自己的身份認同，搖擺不定。從小在山上長大，直到上大學才離開部落求學，成大護理學系俄藹不諱言，儘管在部落生活的時間已比自小就離開部落的原住民孩子們來得長，然而，自己對原住民的傳統文化、族群議題，卻始終沒有足夠認識，透過參加學校原住民文化週活動，幫助在外讀書的原住民孩子更認識原住民族群議題，甚至，對自己身份的正確認知，也有所了解。

就讀成大政治系的邵齊，父親是屏東牡丹鄉排灣族人，母親是高雄那瑪夏區的高雄人，他從幼稚園開始，每天都搭伯父的車到恆春求學，直到高中開始住校，考上大學後，則離鄉背井來到臺南。

「剛開始來到沒有高山的臺南，覺得有點可怕，因為部落的孩子看到山，還是會比較安心。」內心覺得部落才是依歸，然而，卻也難掩失落吐露，「只是，回到部落，相較部落成長的孩子，我又好像跟他們並不一樣，好像不管走到哪裡，都無法真正融入。」

邵齊的一番話，無疑是多數原住民孩子因為大環境的關係，而來到都市求學、工作，然而，來了既不覺得自己的根在這兒，回家，卻又覺得家好似很遙遠。

動輒得咎，彷彿成為一種宿命。

另一個考驗原住民學生的，其實是「升學優惠制度」。

原住民的升學優惠制度常讓原住民學子在考試上看似佔有優勢，然而，卻也面臨同儕的質疑。

因此，這一個議題也常常夾雜在身分認同的情緒中。當原住民學生靠著加分優惠躋身優秀大學，卻發現自己與其他一樣蒙受加分的學生一樣，難免出現功課趕不上的壓力，有些原民學生甚至會產生自卑感，認為自己終究是因為加分，才能勉強擠進明星學校，程度與同學自然存在落差，久而久之，就容易

出現學習情緒低落。

　　還有人因此不敢與同學一起合作做報告、組隊做計劃等，唯恐自己成為害群之馬，淪為扯同學後腿的角色，形成學習的惡性循環。

　　柯同學，是屏東縣霧台鄉的魯凱族，國中時期的她，因為同儕對原住民身分的質疑與言語霸凌，讓她數度對自我認同有所動搖。升上高中時，雖如願進入臺南女中就讀，滿足父母期待，卻在求學過程卻跌跌撞撞，「因為自己的成績跟同學有不小落差，每次發考卷，看到別人的成績，內心只覺得：大家怎麼都這麼厲害。」

　　上了大學，因為渴望了解更多原住民相關文化，加上自身對母語課程有興趣，她選擇就讀成大臺文系，並與校內的原住民夥伴加入原住民文化交流社團，終於，獲得歸屬感。她說，大家會一起舉辦講座、美食周、舞蹈等活動，加上共同擁有的部落生活經驗，讀書的日子不再那樣苦悶。

　　就讀成功大學的麥同學曾在求學路上迷失自我。

　　他回想，從小一路到高中都是跌宕的求學記憶，直到考上成功大學後，在學長姐引導下，藉由參與社團的原住民文化、社運等多元議題，慢慢找回自己，不再覺得自己走到哪都與身邊的人格格不入。他回想，在校園裡曾經遇到一個女生身穿族服行走，但臉上卻滿是羞澀，因為覺得自己跟別人很不一樣，

也擔心族服讓自己顯得過於醒目。

麥家綸說，穿著自己部落的族服，理論上是在自然不過，但為什麼我們要害羞、退卻甚至感到難為情？所以，學長姊們也會在校園一起穿上族服，以身作則，讓學弟妹知道，這件事一點也不羞恥。

這個精神，是社團裡傳承下來的文化，一如，部落文化也需要傳承。

二、中華醫事科技大學原住民族學生資源中心

中華醫事科技大學原住民族學生資源中心，2017 年底揭牌啟用。中華醫事科技大學校長曾信超表示，原住民族學生資源中心的設立，不僅可以促進族群融合，更能讓師生了解多元文化的不同特色，未來，除了作為原民學生事務與資源整合平臺外，也有原住民各族文物常態展，為校園增添一處人文藝術場域。

曾信超表示，族群融合與尊重多元文化是臺灣社會和諧的重要元素，中華醫大在學的學生當中，原住民學生有 170 人，分別來自阿美族、布農族、排灣族、泰雅族、鄒族、太魯閣族、卑南族、魯凱族與賽德克族，他強調，無論來自哪一個族群，在這個大家庭裡均能接受友善的照顧與快樂學習，學校除了提供原民學生學雜費減免及免費住宿外，也協助申請原民委員會

的獎助學生，讓每位原民學生可以安心求學，學有所成後貢獻社會。

中華醫事科技大學也有一位知名的原住民族校友，就是1999年入學的知名歌手 A-LIN。曾信超也以她為例指出，A-LIN 來自臺東的阿美族，當年在校就讀工業安全衛生科，因為愛唱歌、歌聲又好，加入原民社社團參與各種活動，日後被發掘栽培成為知名歌手。

由此可知，校園重視多元族群文化，讓學生有更多發揮的空間，因此，校方也期盼原民學生資源中心啟用後，充分發揮學生事務與資源的整合平臺的功能之外，也能透過常態展覽提供全校師生一處認識多元族群文化的人文場域。

中華醫大原住民族學生資源中心位於行政大樓一樓右側，佔地約 50 坪，外觀以原住民部落常見的小米、藤枝、茅草、竹片做為佈置，並搭配牆面彩繪，呈現古樸原始的原民部落景致，內部空間除了有學生學習設施，也展示原住民不同族群的特色文物和介紹，提升師生對原民文化的認知。

三、長榮大學原住民族學生資源中心

長榮大學秉持為發展校園多元文化特色，並實踐辦學精神，依據「原住民族教育法」第十八條設置原住民族學生資源中心，整合校內外資源，並設專人協助原住民族學生事務，尊

重多元文化及落實服務原住民族學生之在校生活，以輔導原住民族學生於校園與學習發展為核心為社會、部落培育更多優秀的人才，落實本校辦理宗旨。

李泳龍校長指出，為推動原住民人文教育，校方於 105 學年度啟動原住民文物館建置 4 部曲計畫，首部曲為文物館典藏軟硬體系統設置，聘請排灣族藝術家伊誕·巴瓦瓦隆擔任原住民駐校藝術家，率領另 2 位排灣族藝術家馬偉忠與馬偉智進行原住民文物館視覺意象創作。

李泳龍強調，透過原住民文物館建置，以及藝術品進駐、展示、表演、開辦學習課程等內容，讓長榮大學成為具有藝術、人文、生活、創意、學習、敬天、惜地等價值的原住民部落學校，並將原民文化帶至國際舞臺，邁向卓越的國際化基督教大學。

排灣族藝術家伊誕·巴瓦瓦隆表示，原住民文物館空間與設備視覺意象創作，包括原住民文物館招牌裝置藝術、立柱、窗簾、桌椅、層架及版畫。不但呈現原住民文化風格與內涵，並彰顯長榮大學重視生命教育、環境教育、人文教育的辦學理念，增添校園旺盛的生命力與多樣性。

四、南臺科技大學原住民族學生資源中心

2017 年 3 月，南臺科技大學成立「原住民族學生資源中

心」，期許能為原民學生提供一站式服務窗口，並藉以凝聚原民同學情感及向心力。

校方表示，南臺科大一直以來在推動原住民族文化不遺餘力，多元挹注資源，積極輔導原民同學發展自我特色，除學校通識中心開設有「臺灣原住民文化」課程外，亦透過教育部原資中心申請相關經費，以及教育部補助辦理之「發展與改進原住民技職教育計畫」，藉以推動原民文化進行教育翻轉，並與臺南市政府民族委員會、勞動部勞動力發展署雲嘉南分署永康就業中心合作，致力原民籍學生工讀與就業管道暢通。

此外，前臺南市議會原民籍蔡玉枝議員亦積極對該校原民業務提供協助，期望原資中心的成立，可整合校內外各項資源，給予原民同學溫馨的感受，並致力於培育優秀原民人才鮭魚返鄉的教育目標。

原資中心為任務型編組，由學務長兼任中心主任，拉高組織層級，有利統整協調提供原民同學更周全的照顧，並藉由課外活動組協助原民社團輔導，讓學生在課餘時間，也能透過社團進一步凝聚向心力。除辦理原民部落參訪學習外，也辦理多種原民工藝、美食製作及原民歌舞等研習活動，讓所有同學都有機會接觸及感受原民文化的多樣性及意涵。

南臺科技大學原住民族資源中心成立後，也多次舉辦原住民相關活動，2018 年協同臺南市玉山原鄉全人關懷協會，辦

理一年一度「泰雅族感恩文化祭」，南臺科大學生社團原住民族文化推廣社在活動中安排織布體驗及手環編織，讓參與活動的民眾及青年學子透過祭儀，學習、認識原住民祖先的智慧和技藝及傳統體育技能。

校方表示，泰雅族是目前臺灣原住民族中最古老且分布最廣的族群。泰雅族見長於精美的編織技術、獨特的紋面藝術，其社會組織及崇敬祖靈亦為特殊。然而因著時代變遷、信仰改變，臺灣原住民各大族群中，傳統祭典流失最快的莫過於泰雅族。

有鑑於此，文化祭特別邀請苗栗縣泰安鄉司馬限部落頭目郭正光先生及紋面耆老謝道光（Vai su ya wi），帶領泰雅族人呈現傳統祭儀，設計一系列竹竿舞、陷阱製作、搗麻糬、打陀螺等體驗活動。

五、臺南應用科技大學原住民族學生資源中心

臺南應用科技大學原住民族學生資源中心於 2015 年 10 月 21 日揭牌及正式運作營運，由校長擔任召集人，委員包括校內相關主管、原住民族籍教職員及學生及校外具原住民族籍社會人士由現任議員谷暮‧哈就議員及臺南市原住民族教育資源中心白惠蘭主任二名擔任，原資中心將隸屬諮詢委員會。

該中心成立宗旨是營造校園友善學習環境，包含硬體設

備、師資培育及社團活動，讓原住民族學生在學習過程中，能有較完善資源可利用，並且建立原住民族學生信任感及自信心，且對自我有認同感。

此外，中心也協助推動原住民多元文化的活動內容，使學生展現原住民文化特色，讓全校師生對原住民文化有所認識，提升學生多元學習的環境，提升原住民族學生專長技藝，輔導在學期間能開心學習，鼓勵取得相關專業證照，並且能順利進入職場發揮所長。

六、崑山科技大學族語教保員培訓

不同於其他學校設立原住民族資源中心，崑山科技大學意識到臺灣原住民族語面臨嚴峻的滅絕危機，為挽救原住民族語避免滅絕，崑山科大幼保系從 2014 年起承接原民會沉浸式計畫，舉辦「沉浸式族語教學幼兒園計畫」，聘請族語教保員培訓開訓典禮，期盼族語教保員協助推動族語復振。

崑山科大表示，母語傳承同時代表歷史文化的保留與延續，崑山科大自 2014 年起，由幼保系副教授周宣辰帶領專管團隊承接原民會的「沉浸式族語教學幼兒園第一期試辦計畫」、「沉浸式族語教學幼兒園計畫」等，協助原民會辦理沉浸式族語教保員考試、訓練與實施輔導，陸續培育 11 個族群、23 位專業的族語教保員投入幼兒園沉浸教學，執行績效優異。

原住民族委員會教育文化處表示，臺灣在族語復振上遇到相當的困境，根據 2009 年「教科文組織世界瀕危語言地圖」調查，現今臺灣原住民族 16 族的語言都被列為瀕臨滅絕等級，已經有 9 個語言被聯合國列為瀕危語言，無論是大族或小族，都需要一個非常完整的教學方法，從幼兒開始接觸，是十分具成效的方式，接受沉浸式族語教學的幼兒在族語能力上有相當的發展。

為求延續原住民族的語言傳承，挽救瀕臨滅絕的語言文化，透過沉浸式族語教學，將族語向扎根至學前教育階段，為族語奠定良好的基礎，希望幼童在族語沉浸的教學環境之中，營造「聽」、「說」族語環境，將教學內容和生活結合，讓學生從「做中學族語」、「用中學族語」。

目前雖無法達到各族一所沉浸式族語教學幼兒園的目標，但已有卡那卡那富族、雅美族、泰雅族加入、而在人數較多的阿美族、排灣族、布農族與魯凱族的園數又擴增，總數達到 37 所，使族語教學環境更加完整。

現今，原民會正在規劃推動雙軌制的教育體制，創立民族幼兒園、民族小學、直至大學與研究所，形成完整的族語教學體制。

崑山科大民生學院表示，原住民族委員會推動沉浸式族語教學幼兒園計畫，在於培養、聘任具備族語能力的教保人員進

入幼兒園，並以族語作為主要教學語言，讓幼兒沉浸在全族語的環境中，以最自然的方式學習自己的族語。透過沉浸式計畫的實施，除了能讓幼兒奠定族語能力基礎外，更能以族語學會該階段的學習目標。

　　崑山科技大學族語教保員師資遴選、培訓，著重教學設計、語言學習、文化融入、協同教學、社區融入、教具設計、文化境教、親子共學等，養成教育多元且務實。

圖39：原住民族學生資源中心的設立，不僅促進族群融合，更讓師生了解多元文化的不同特色。

圖 40：圖為中華醫事科技大學原住民族學生資源中心熱鬧成立。

圖 41：崑山科大幼保系從 2014 年起承接原民會沉浸式計畫，舉辦「沉浸式族語教學幼兒園計畫」。

圖 42：成功大學 2011年成立「原住民文化交流社團」，協助、帶領原住民學生正視自己的身份問題，另也透過音樂展演、市集等活動，喚起外界對於原住民的認識。

圖 43：成功大學舉辦部落市集，展示原住民傳統服飾。（圖片來源：
成大原住民文化交流社提供。）

圖 44：臺南應用科技大學原住民族學生資源中心揭牌。

圖 45：臺南應用科技大學原住民族學生資源中心揭牌。

圖 46：南臺科技大學「原住民族學生資源中心」期望為原民學生提供一站式服務窗口。

47

48

49

50

圖 47：南臺科技大學成立「原住民族學生資源中心」。

圖 48：中華醫事科大原住民社團的學生作品。

圖 49：崑山科大幼保系承接原民會沉浸式計畫，推動族語復振。（圖片來源：
崑山科技大學提供。）

圖 50：崑山科大幼保系承接原民會沉浸式計畫，活動安排傳統祝福儀式。（圖
片來源：崑山科技大學提供。）

圖 51：崑山科大原住民族學生資源中心開設「原住民語言中之文化趣味」通識課程，安排學生體驗狩獵射擊。（圖片來源：崑山科技大學提供。）

圖 52：崑山科大原住民族學生資源中心開設「原住民語言中之文化趣味」通識課程，安排師生體驗原住民的文化。（圖片來源：崑山科技大學提供。）

圖 53：崑山科大幼保系承接原民會沉浸式計畫，活動安排傳統祝福儀式。（圖片來源：崑山科技大學提供。）

第六章

都市原住民族自治事務與推動現況

　　2018 年，臺南市政府民族事務委員會盤點 8 年來施政成果，以「西拉雅正名運動」、「落實族群語言教育」、「文化資產保存與傳承」、「扶植產業經濟」、「創新服務措施」等 5 個主題，呈現 8 年施政重點。

　　其中，更有多項全國首創的政策，包括「臺南市族群主流化政策」、「西拉雅語課程納入臺南市正式教育系統」、「口埤西拉雅實驗小學」、「N 合一原住民回復傳統姓名窗口」、「原住民在宅經濟輔導就業」及「都會區原住民健康照護站」等。以這份施政成績單可以說是回顧這些年來，臺南市投注於原住民工作的內容。其一，是結合家庭、學校及社區，落實族群語言扎根與傳承。

　　「語言」是文化基礎、傳承文化的媒介，民族事務委員會在落實語言教育政策上，秉持向下扎根、向上延伸的精神，從家庭、學校及擴大至社區等語言永續三大領域相互配合推動。尤其向下扎根教育推廣更為重視，讓幼兒在學習的黃金時期就接觸語言，以族語唱遊、幼兒園客語推廣等，在自然而然、寓教於樂的氛圍學母語；於國中、小方面，強化原住民族、客語及西拉雅族語的教育及薪傳師的培育，這一系列語言學習環境

的營造，臺南市原住民學生族語認證通過率勇奪 13 連霸，截至 2018 年底，共開設原住民族語學習 22 班次約 4,045 人次；在社區學習方面，開設成人族語聚會所 17 班 200 餘人。

其二，在文化資產保存與傳承上，民族事務委員會全力推動除與跨局處協力外，更與臺南市大專院校合作，將族群文化推展至校園，讓青年學子看到不同族群的文化之美。

民族事務委員會於 2012 年創辦臺南市札哈木部落大學，迄今共開設 136 門課程、出版 5 冊教材，落實部落知識在地學習、部落文化在地傳承的設立初衷，讓臺南市的原住民朋友及民眾有機會就近學習部落文化知識、工藝手作、風味美食及族語。

其三，市府民族事務委員會為建構臺南成為多元族群和諧城市，首創全國推動族群主流化政策。2014 年首創全國辦理「族群主流化研習」、2015 年完成「族群主流化政策基礎分析」、2017 年首創全國函頒「臺南市推動族群主流化政策實施綱領」並成立該市族群主流化推動會，積極培力市府同仁在政策推動過程中，建立族群思維，並落實於政策中。

其四，型塑札哈木文創特有品牌創新服務與關懷族人。在扶植產業經濟方面，2013 年創立札哈木市集，作為原住民藝品、部落美食行銷平臺，此外，為塑造札哈木品牌形象，更針對市集商品進行健診，朝精緻化設計開發，目前札哈木品牌正

往商標申請階段邁進。

其五，在提供族人便民服務措施方面，民族事務委員會為鼓勵族人朋友回復傳統姓名，特別整合相關行政服務，讓族人朋友於換發身分證的同時可以一併更換健保卡、駕照、行照、國稅及地方稅務資料、自來水、電力、有線電視、電信業者等，形成「N 合一單一窗口」，大大提升臺南市原住民朋友回復傳統姓名的意願，更成為桃園及屏東政府等縣市標竿學習對象。

另，為協助因故無法或不便外出工作的族人，全國首創，提供彈性工時的在宅經濟，讓族人兼家庭及經濟。此外，為照顧臺南地區的原住民朋友，成立全國第一個都會區健康照顧站，並於 2018 年募得一輛服務車，關懷、照顧高齡的族人，保障原住民長者獲得適切的服務，促進長者健康福祉。又特別爭取聘用關懷員主動發掘生活陷入困境及需要協之個案，給予職訓與就業轉介、法扶協助與諮詢、急難救助、房屋修繕與金融輔導轉介等服務，希望透過關懷員的第一線訪視，能夠及時發現問題並解決問題。

而在周延政策之外，臺南市政府為推動族群主流化政策，尊重各族群價值及其主體性，於 2017 年 10 月首創全國、成立第一個「族群主流化推動會」，整合、協調及督導族群主流化事務推動，以保障族群人權，消除族群歧視，促進多元文化與跨族群公共領域之建構，打造臺南市為多元族群友善的文化城

市。

尊重多元一直是南市府的族群政策，2013 年即首度辦理族群主流化論壇，進而於 2014 年針對市府同仁進行族群主流化意識培力研習，2015 年首創全國完成「臺南市族群主流化政策基礎研究」，在歷經 5 年，不斷培力與扎根，並在 2017 年 8 月完成全國第一部「推動族群主流化政策實施綱領」，作為推動的最高指導原則。推動會成立不僅是族群政策重要的里程碑，也是全國族群政策重要的指標，更奠定了臺南成為全國族群政策領頭羊的角色。

「族群主流化」意涵是彰顯「多元族群的主體性」，不同的文化與族群及不同族群的歷史記憶都是這個社會重要資產與主流，政府機關與整個社會要一同參與，這樣才能打造多元平等的社會，這就是族群主流化的概念。像蔡總統向原住民族道歉的議題，獲社會及族群各界普遍的關注與討論，這就是族群主流化思維中，共同和解、認同、成長與進步的開始。

市府也希望透過這個推動平臺，促使各局處同仁在政策擬定時，都能具備族群思維，能考量各族群之特性及差異，依各個族群的需求，在人與土地、教育文化、社會發展、經濟發展、都市發展、公共安全等多元照顧面向，能提供適切的創新服務，並不分族群，都能成為社會的主流，使臺南市各族群在平權的環境下永續發展，讓各族群能悠活幸福的在臺南過生活，

共同打造本市成為多元族群友善的文化首都，並一起邁向人權進步、跨族群和諧的國際城市。

　　族群主流化推動會委員包含南市府及相關局（處）首長、族群代表，社會專業人士等共 25 人，外聘委員主要以熱心熟悉原住民、客家、西拉雅等族群事務之菁英領袖，及專擅族群主流化政策、族群關係、法律、性別、族群文化、社福、教育、經濟、新住民、職安等跨多元領域之專家學者，也期許透過大家的努力，能不分主流、非主流，一起攜手促進族群互動、交流，提供參與平臺及公私協力資源，共創新主流的社會價值，建構多元族群永續發展的未來。

　　未來，民族事務委員會除秉持「促進多元族群和諧與尊重發展」及「傳承與創新」理念，以「族群主流化」為施政主軸外，將持續深耕原住民文化的保存及推廣，打造族群自我認同、關懷尊重各族群語言、文化友善的環境，厚植文化首都內涵，建構臺南成為永續族群發展的幸福城市。

　　值得一提的是，民族事務委員會主委不定期舉辦「客廳座談會」，傾聽客家、原住民、西拉雅族鄉親的在地需求與聲音，從 2015 年至 2019 年 3 月已舉辦 43 場次客廳座談會。其中，原住民族人也反映了各種相關意見，如有族人就表示，雖然臺南市學生參加族語競賽都有優異成績，不過，族語教育還是不盡完善，舉例來說，族語教師以郡社使用的語言教學，但學生

可能屬於巒社群，導致學校族語與家庭教育無法連貫。另外，也有族人建議既然設有札哈木原住民公園，應該每個月以單一族群文化為主題辦理活動等。

圖1：尊重多元一直是南市府的族群政策，圖為市長黃偉哲參加原住民活動。

圖2：臺南市原住民族教育資源中心透過引導學生參與原住民相關技藝學習，推廣原住民族文化與特色。

圖 3：臺南市長黃偉哲穿上原住民傳統服飾出席原住民活動。

圖 4：臺南市警察局承辦原住民親子日活動，警察局長周幼偉（左二）、臺南市長黃偉哲（中）穿上原住民傳統服飾出席。

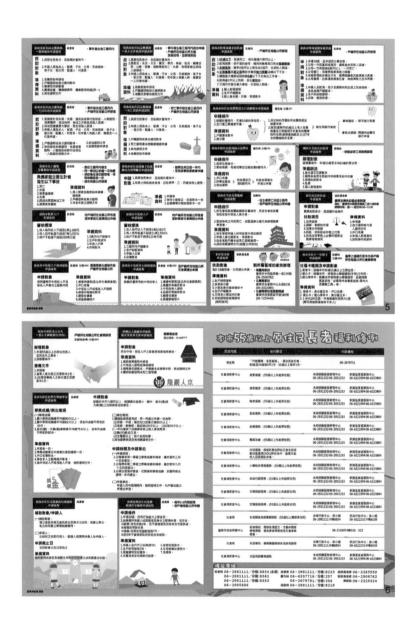

圖 5：臺南市原住民族人福利權益懶人包。

圖 6：臺南市原住民族人福利權益懶人包。

圖 7：來到都會區的原住民年輕人已不諳打獵，慶典活動改以射山豬圖片充數。

圖 8：都會區原住民年輕人對於部落傳統如打獵等，多已陌生。

第一節　臺南市原住民族日

一般人說到原住民就是聯想到節慶、祭典，無庸置疑，原住民族最具特色且廣為人知的一大特色就是祭典。

儘管歷經長時間被統治、漢化，許多原住民的文化已然漸漸消逝，但代代相傳的祭典祭儀，至今依然留存著。

有學者探究原住民族何以能在失去了部落，卻還能保存祭典的原因，總結出一個道理：失落了原生土地的族人，只剩下抽象演示的祭典，祭典過程中連結祖先神祇，也可以讓下一代知道盛裝樂舞的傳統，簡言之，祭典是串聯了超自然、自然以及社會世界的媒介。

因此，祭典儀式是遠超過任何實質經濟項目的取得。

在這樣的歷史脈絡底下，我們可以看見，中央政府乃至各縣市政府在舉辦原住民相關活動時，皆以原住民的傳統儀式或舞蹈作為具象的文化象徵符號，同樣地，近幾年也隨著原住民歌舞能見度日益提升，許多重要節慶（不僅限於為原住民而辦）的盛典，也能看見、聽見原住民的表演。

都市原住民透過舉辦祭典體現了什麼意義？一來，是體認自己的原住民身分，再者，讓外界認知原住民文化的特色與精髓（能夠保留下來的儀式基本也是一種原住民普遍能理解與認同的文化象徵）。

　　不過，不可諱言的是，都市原住民在都會區呈現的原住民祭典儀式，確實也被視為過度簡化或不夠純粹，更甚者，也有人認為是流於形式，姑且不論這些議論聲浪，原住民祭典何嘗不是帶給生活在都市叢林的原住民，尚且能與原鄉聯繫的情感連結「臍帶」呢？

　　鑑於全臺原住民逾半人口移居平地，傳統部落祭典僅能返回原鄉才能體現，每年的 8 月 1 日為「臺南市原住民日」，傳承原住民部落傳統文化精髓。

　　副總統同時也是前臺南市長賴清德任內特別重視原住民福利，也透過舉辦相關慶典活動，邀集族人們齊聚一堂，他也幾乎每一年都會親自出席原住民日慶典。賴清德說，「臺南原住民日」是相當有意義的日子，各族群分享彼此的族群文化、感情，傳承原住民的固有文化精神。

　　賴清德指出，在歷史上，臺南與原住民族有深切關聯，西拉雅族世代代居住於此，安平舊名「札哈木」，說明臺南也曾是鄒族活動範圍，因此，市府每年上半年舉行「鄒族日」，下半年度則舉辦「原住民日」，除了正視原住民族在臺南的歷史，更希望透過歲時祭儀的舉行，傳達對原住民族的正確認知。

　　臺南原住民日每一年活動均以單一族群為主題辦理，希冀呈現每一個族群的特色，如 2012 年首辦，將魯凱族小米豐收

祭的原鄉祭典搬到都會區，讓外地族人也能感受故鄉熱鬧祭典文化，深獲好評。

2013 年 8 月在永康重現排灣族提親的「送情柴」祭典及舉辦射箭競技，美其名說是重溫射箭，然都會年輕原住民多已不諳打獵，加上都會區自然也無山豬可捕獵，活動現場只好透過「射山豬圖片」充數。當天活動吸引 7 百多名屏東、臺東等原住民朋友參與，人數為歷年原住民日之最。

連年辦理還有一層用意，臺南市政府希望利用原住民日的活動，來推動族群融合，促使原住民的精神及情感得以傳遞、連結，族群融合精神也能得以擴大，讓原住民文化在這塊土地上向下扎根，讓原住民朋友在大臺南安居樂業。

圖 9：2019 年鄒族日特色登場。

圖 10：透過原住民傳統慶典的活動，將原住民文化的種子向下扎根。

圖 11：原住民族人往往藉由參與各類活動將傳統族服穿上身，不只是身分表徵也是一種對自我文化的肯定。

圖 12：一般民眾多是透過原住民文物認識原住民特色。

圖 13：身處都會區也能感受原鄉風情，圖為札哈木公園。

圖 14：排灣族慶典活動。

第二節　推廣原住民文化內涵

原住民文化推展往往藉由諸多傳統的手工藝品、節慶祭典與舞蹈等等，做為對外詮釋的手法，於是，我們所能想見的原住民文化之推廣，不外乎也就是這些型態。

從中央乃至各級縣市政府，一旦談論到喚起原住民對於傳統文化的意識或相關保存，觸及的項目也不外乎上述的載歌載舞演出，此外，祭祀演出型態也是其一，例如豐年祭，而傳統技藝表演偶爾也會被要求表演，例如射箭、搗小米等。

臺南市在推展原住民文化上，從軟硬體著手，舉凡設立相關標的物、辦理文化節慶活動、母語日推廣，相關藝文展演也邀請原住民團體擔綱演出等，希望多多推廣原住民文化特色，讓更多民眾認知。

一、臺南市札哈木會館、札哈木原住民公園

除了連年舉辦鄒族日活動，著眼於 400 多年前，安平曾是鄒族人的活動範圍，為了能讓更多人理解原住民文化與族群和諧，市府也特於安平設立了「札哈木原住民公園」與「臺南市札哈木會館」。

根據文獻記載，四百多年前的臺南市安平區曾為鄒族主要活動區域，鄒族人稱之為「札哈木」，相傳鄒族達邦社的安姓

氏族曾掌管此地，在這裡活動、生活。2002 年，鄒族人回臺南尋根，進而催生了札哈木原住民公園及文化會館，臺南市政府更從 2003 年起，為重塑鄒族在臺南的歷史脈絡演進，也為了紀念鄒族族人在數千年前進入臺灣、來到臺南的足跡，每年三月都會固定舉辦「鄒族日」活動。

鄒族日每一年活動內涵不一，以 2018 年來說，為深化及延續鄒族文化的推廣，辦理《遙憶》鄒族兩大社傳統領袖汪念月、汪傳發紀念展，廣獲各界好評，也讓民眾對於當代鄒族文化與發展有更深入的了解。

札哈木原住民公園佔地面積達 5,223 平方公尺，是一座以鄒族文化為主題的文化園區，園區中設置有歌舞祭文化廣場、石版屋司令台、鄒族特色木雕及石雕。

札哈木會館典藏文物 148 件，其中，衣飾、頭飾、足飾就多達 132 件，與位於永康的臺南市原住民文物館共典藏 382 件原住民族文物，不過，兩座館舍的所有典藏品均收藏於永康的典藏庫房中，在具備溫溼度調節控制下的環境，提供文物維護保存的良好環境。

除了原臺南市設有札哈木原住民園區等館舍，在縣市合併之前，原臺南縣即已經早一步在永康設立臺南市原住民文物館，為原住民文化復振做出一點貢獻。

2019 年，臺南市民委會更為了進一步活化安平札哈木公

園使用率，以及挖掘原住民族人好聲音，鼓勵全國熱愛音樂的族人，並增進民眾對原住民文化與音樂的認知，特舉辦「原音重現——札哈木之星」歌唱選拔賽。首度選在原住民音樂祭舉辦「札哈木之星」原住民歌唱比賽，打造一個屬於原住民的歌唱競賽舞臺，並前進嘉義阿里山、高雄小林部落海選。

過去，臺南市舉辦原住民音樂祭不外乎找現成的原住民歌手擔綱演出，為了讓更多素人有一個表演舞臺，有機會被伯樂聽見好聲音，2019 年頭一回廣發原民英雄帖，邀請年滿 15 歲愛好唱歌的原住民以聲音「一決高下」，同時也希望藉由活動帶動更多人走進札哈木公園。

15

圖 15：臺南市政府每年舉辦鄒族日活動，讓原住民的大人、小孩都能在都會區重溫原住民傳統技藝。

圖 16：2019 年的「札哈木之星」原住民歌唱比賽，打造一個屬於原住民的歌唱競賽舞臺。

圖 17：2019 年舉辦的「札哈木之星」原住民歌唱比賽，打造專屬原住民的歌唱競賽舞臺。

圖 18：2019 年「鄒族日」邁入第 17 年，為深化及延續鄒族文化，辦理鄒族族群文化特展活動。

圖 19：小朋友專注參觀札哈木會館陳列的原住民文物。

圖 20：札哈木公園是專為原住民打造的公園。

圖 21：札哈木公園石雕。

圖 22：札哈木公園。

圖 23：札哈木公園洋溢濃濃原住民風情。

圖 24：札哈木樂舞集 - 阿美族人的表演。

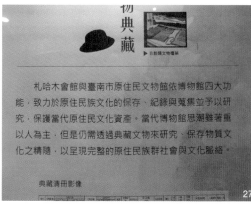

札哈木會館與臺南市原住民文物館依博物館四大功能，致力於原住民族文化的保存、紀錄與蒐集並予以研究，保護當代原住民文化資產。當代博物館思潮雖著重以人為主，但是仍需透過典藏文物來研究、保存物質文化之精隨，以呈現完整的原住民族群社會與文化脈絡。

典藏清冊影像

圖25：札哈木會館展示原住民文物。

圖26：在都會區也能遇見原住民文化。

圖27：典藏文物是為呈現完整的原住民族群社會與文化脈絡。

二、臺南市原住民文物館

位於臺南市永康社教中心 3 樓的臺南市原住民文物館，設立初衷是臺南縣政府為了讓離鄉背井，長期旅居於臺南的原住民，能持續保存及發展其傳統技藝、母語傳承，並落實照顧都市原住民之理念，一手籌設的原住民文化會館。

這座原住民文化館於 2001 年落成，當時也是境內唯一一座典藏原住民文物的館舍，除了典藏之用，另外，也是提供轄內原住民聚會、訓練、研習、展覽及文物典藏等多功能的一處場所。

隨著縣市合併後，臺南市政府將原臺南縣文化會館正式更名為臺南市原住民文物館，除了持續凝聚在都會區生活的原住民族感情外，也銜命傳承原住民文化，促進各族群彼此溝通、瞭解，呈現臺南府城多元文化的面貌。

走進永康社教中心朝圖書館方向走往三樓，就是臺南市原住民文物館所在地。

臺南市原住民文物館整座館舍麻雀雖小、五臟俱全。特色是全館均以原住民傳統木雕藝術進行佈置，門外最醒目的就是一座莫那魯道雕像，彷彿迎賓似地矗立門口；館內典藏了原住民十四族及臺南市西拉雅族群的傳統文物及服飾。

莫那魯道是賽德克族霧社群的總頭目，為日治時期重要的抗日行動「霧社事件」領導人。

值得一提的是，館內也設置一間傳統式魯凱族石板屋以及一艘達悟族拼板舟，增添館舍可看性，充分展現了「原味」，也是遊客來逛此館必拍照的標的。

臺南市原住民文物館每年固定舉辦 3 場特展，主題與內涵都很豐富，主要彰顯原住民相關的典藏研究與文化。

例如 2019 年 3 月 23 日至 6 月 23 日展出的《出櫃》——原住民族藏品研究展，這項展覽經由博物館典藏研究及文物維護專業學者的指導及合作，呈現臺南市原住民文化（物）館典藏品研究，同時與大博物館典藏品進行對照，發掘自身典藏品背後的文化脈絡之異同，讓民眾更深入了解藏品本身的故事，以達延續文化傳承，推廣文化教育的目的。

同樣也在 2019 年，則舉辦了「伶族—臺南市札哈木部落大學歷年成果」巡迴展，展覽呈現臺南市札哈木部落大學自 101 年辦學迄今即將邁入第 8 年的辦學成果，透過將成果與社會大眾分享，期望能邀請更多人參觀認識臺南市原住民族部落大學辦學精神，了解原住民文化及傳統技藝、族語等具原住民主體性課程，以及新創數位學習等豐碩成果，讓外界對原住民文化有更深一層體悟與認識。

除了常態性展出原住民各族群文物及服飾，館內也設有多功能研習教室，提供學習園地，辦理各項藝文研習、訓練及原住民工藝創作體驗活動，以實物觀摩體驗，對學校戶外教學效

益很大。

館員蔡謦如表示，臺南多年來致力投入原住民文化復振的工作，以臺南市原住民文物館內典藏品來說，典藏文物234件，以足飾居多，高達112件，搬運工作21件、武器15件、食具11件、雕刻10件等。

她提到，早年原住民文物典藏品多數在館內作為常態展展出，不過，多年下來發現，文物不堪燈光長年照射，也會影響典藏品的壽命，為此，多數時間典藏品都放在典藏庫，改為透過規劃每年3場特展，將典藏品透過主題式的呈現方式，讓大眾認識原住民文物。

圖 28：臺南市原住民文物館。

圖 29：臺南市原住民文物館門外最醒目的就是莫那魯道雕像。

圖 30：臺南市原住民文物館典藏原住民十四族及臺南市西拉雅族群的傳統文物及服飾。

圖 31：臺南市原住民文物館坐擁典藏室，收藏豐富的原住民文物。

圖 32：原住民文物讓更多人認識原住民族文化。

圖 33：小朋友乍見原住民文物，都不由得感到新奇。

圖 34：原住民傳統服飾是一般人認識原住民最入門的標的。

第七章

原住民族發展困境
與未來期許

一、資源集中原鄉都市原住民覓出口

原鄉，是原住民心繫的家鄉是原住民的根，然而，不能忽視的課題卻是，當今原住民都市化的情況愈來愈顯著，可以說，幾乎一半已上的原住民早已在都會生活深根，即使戶籍猶在原鄉，但生活在都市，已經蔚為常態。

回過頭來看，都市原住民相較於原鄉的族人，實際面臨的問題不會更少、甚至可能更複雜。臺南市山地原住民議員谷暮哈就指出，單就教育問題而言，中央政策推動教育政策時，往往將資源放在原鄉及檢視原鄉如何推動，但忽略了上述原住民及其子女多數都身在都會區，而都會區該如何推動？

誠然，中央困境可能在於原鄉有實際場域，當政策推動時，可以立竿見影，成效明顯，再者，在原鄉推動也因為族人都身處同一個區域，政策執行可以較為立即且方便，反之，都會區原住民因居住地分散，如何推動，本身就是一個問題。

尤其，臺南市原住民族人分布零星，37 個行政區各有不同族人落腳，除了永康區原住民族人明顯集中佔多數，其他行政區的原住民族人零零星星。市議員谷暮哈就跟穎艾達利都有共同感觸，就是在個人第一次投身選舉時，都面臨必須挨家挨

戶、一步一腳印拜訪原住民族人，才能確保訊息傳遞到族人手中，「沒有這樣做，真的不知道族人究竟在哪兒？」

誠如上述。原住民族人有不小比例是族人戶籍仍在原鄉，但卻身在都會區，也因此在尋訪族人必須靠雙腳去認識每一位族人，把握催出每一張選票。「因此，我過去一直跟市府強調，如何搭建服務管道很重要，即使議員都必須做到挨家挨戶拜訪，尤其是偏鄉地方更需要一步一腳印，才能讓族人主動收到訊息，不論紙本文宣或 APP 都要盡可能把相關課程、活動、補助等資訊，送到族人手中，讓族人了解更多市政。」「中央推動偏重原鄉，都會地區就是帶過……」這是不少原住民都同感的現象，也是不爭事實。谷暮哈就呼籲政府尤其是中央應該好好想一下，在許多施政面向如何落實讓都會原住民有感？

她舉例，自己是教師出身，所以過去曾著墨於都會地區教育應該怎麼推行，舉例來說，政府推行「族語專職化」，讓族語老師也同樣可享寒暑假、領年終等福利，但，原鄉地區的學校因為幾乎都是原住民學子，自然可以專職聘請專職老師，但臺南不可能每校都聘請一個專職族語老師，於是她向中央反映給臺南名額，把族語老師的資源放進教育局轄下原民中心，讓族語老師巡迴各校教學，教學之外，另一個任務是研發教材或族語事務推動，一樣可以比照原鄉申請族語專職老師，但性質不一樣，後來也果真順利爭取 3 個名額。

　　同樣思維加以執行的，還有由臺南市政府教育局辦理「原民小子」活動。臺南市利用暑假 8 周集中 6 周開課，集結在地都會區原住民族的學生一起上課，頭幾年開辦只有零星學生，到了 2020 年已經超過百人報名上課。谷暮哈就說，很多原住民家長必須忙工作賺錢，暑假把孩子放在安親班要花錢，但原民小子課程全程免費，讓家長安心、省荷包，還能讓孩子利用暑假跟原住民同學相聚，透過這樣的學習，讓原住民孩子有機會接觸不同原住民族人，提高族群認同感，最重要的是，利用這段時間好好學族語。

　　上述例子，彰顯雖然臺南原住民族人遠遠不及原鄉，資源也遠不及原鄉，但透過類似方式實際推動有效益的。臺南市在原住民事務上，做了很多成果，都堪稱全臺第一，甚至促使中央要求其他縣市複製臺南經驗，「從臺南都會原住民需求去發展各種可能性，其他縣市都會區不是不可能推動。」

　　從地方的經驗出發，確實開墾了不錯的成果，雖然，不論民代或社團甚至個人，都認為原住民政策理應由中央去制訂、統一執行，但從臺南經驗來看，也是體現了都會區域雖然面臨很大困境，卻也不是全然無計可施。「這些年來感受很深，都會區、原鄉面對同一件事，做法畢竟不同，兩個不同環境要提出不同思考模式，這是中央要去下的苦功。」

二、爭取設立原民專責機構

目前六都當中，只有臺南市尚未設置一級原住民主管機關，市議員穎艾達利在議會質詢提到，當年，臺北市政府設置原民會時，原住民人口只有 6,000 多人，然而，目前臺南已經有 8,000 多名原住民，卻迄今仍遲遲未設置相關原住民主管機關，他疾呼，市府應儘速設立原住民專責單位。

穎艾達利表示，一級原住民專責機關是所有臺南原住民議題的基礎，沒有真正的專責機關，就沒有足夠的人員編制，更沒有充裕的經費預算，投入原住民的相關事項。

臺南市長黃偉哲對於此一提議，表示認同之意，不過，他也強調，一旦擴編後，員額增加必須自籌財源，如果 2019 年或 2020 年設立原住民專責機構，可能得從市府其他單位來調用。

穎艾達利指出，為原住民請命有所本。根據「原住民族基本法」規定，直轄市政府應設原住民族專責單位，因此，六都中的其他五都，均已設有原住民專責機關，專責處理原住民教育文化、醫療衛生、社會福利、工程建設、經濟發展等各項業務，唯獨臺南付之闕如。

他表示，臺南市自從 2010 年升格為直轄市以來，一直未設一級原住民專責機關，僅於民族事務委員會下設有「原住民族科」，因此，一直以來，臺南市原住民事務的組織人力與預

算規模都受到限制，原住民族市民權益也深受影響。

他以臺北於 1996 年成立的原民會為例，當時原住民人口數僅有 6,348 人，截至 2019 年 3 月底止，臺南市原住民人口數為 8,005 人，根據法律規定與實際需求，臺南市政府都應研議一級原住民專責機關設立。他舉臺北市原民會一年預算約 3 億元為例，臺南市原住民事務委員會一年預算則僅有 2,750 萬，臺北人口是臺南的一倍，經費卻足足是臺南的 10 倍，資源、支援都完全不一樣，從政治現實觀點來看，原住民的事務自然就很難以專責的角度去因應跟看待。

一樣提出相同呼籲的，還包括長期關注原住民議題的「臺灣教會公報社」社長方嵐亭，其妻則為臺南市民族事務委員會族群委員溫純芳，同時也是布農族人。

原住民目前所有問題均由原民會統籌負責，但原住民遭遇的問題多元，如健康、醫療、經濟、就業、求學，當回歸到健康課題又是回歸國民健康署、衛生福利部等單位，欠缺單一專責機構，原住民生活中面臨大小事，不免有一旦遇上問題就遭踢皮球的窘境，殷殷期盼政府能透過設立專責機構，讓原住民受到應有的照顧。

「臺灣教會公報社」社長方嵐亭指出，文化本身並沒有高貴和低賤，但它卻往往會因為變遷速度的不同，而造成強勢和弱勢的現象；其中，少數族群的文化在多元社會中容易被忽略，

而他們的社會經濟地位也會因文化受到忽略，變得較為低下，如果將上述定義放置於臺灣社會，他認為，「真正稱之為弱勢族群的只有原住民。」

方嵐亭於《我的人生原舞曲》一文就其觀察到的原住民現況提及，整體而言，原住民族和漢人主流社會有顯著差異：原住民族沒有文字，而且使用和漢語系截然不同的南島語系，但原住民族間的體質特徵差異頗大，極易與漢人分辨，且各有獨特手藝和藝術，社會結構與文化習俗也有別於漢人。原住民的祖先於過去數千年間，在臺灣建立起自主自立的社會，其間經歷無數族群爭戰以及族群內的抗衡與擴張，終於形成目前各自散佈於一定區域內的居住型態，並各自形成獨立自主的部落社會，而後，在漢人大量移入臺灣之後，在強勢文化壓迫下，孤守著傳統而整合的山地部落。

幾十年來，原住民山地社會已有相當程度納入臺灣社會體系，在經濟上對社會產生某種程度依賴，加以山地自然條件較差，無法使原住民內部產生自我發展的火花，因此，原住民山地社會的命運乃完全操之於優勢的多數族群手中。

他認為，原住民族的困境在於原住民身處大社會與部落內部文化變遷，產生衝擊，傳統文化的保存和吸收工業技術、管理知識的機會時有兩難，使得原住民在部落社會、社會適應和族群互動產生困境。以部落社會來說，原住民山地社會師資與

設備一直不受重視，以地處偏遠的臺東為例，年輕優秀正規師範專門教師都不願意分發至此，因此，每一年雇用代課老師，造成非專才任教；而學生對漢人社會文化密切相關的國文和數學兩科適應普遍較差，在這個以考試、升學的制度下，原住民雖有所謂加分政策，但在立足點，便嚴重失去公平競爭情形。

方嵐亭進一步以 1987 年為例，該年度，高中以上程度原住民僅約為總人口的 7%，同年，全臺比例高達 20%，兩者比例懸殊差異高達 3 倍，大學以上程度的比例差距更高達 5.7 倍，使得大量就業人口只能從事勞力工作。其次，教育水平不高引發後續社會問題，諸如人口販賣、色情交易等不法事件。

教育水平不高另一個隱憂是傳統瓦解。他說，受到工業化衝擊，許多傳統習俗漸漸喪失未能保存，造成優良文化傳統未能延續，社會規範力量崩潰，而外顯適應問題應運而生，在城市讀書的原住民大專學生，在經濟、友誼及情緒安適與安全感方面，都感受到相當程度困境。

此外，原住民在性格特徵上被認為是喜歡酗酒、生活水準低落及懶惰等，雖有較正面印象描述為純樸、熱情豪邁、樂天等，不過，通常受電視、報紙、雜誌等大眾傳播媒體的影響，漢人觀感中，普遍對原住民存在負面且有偏見的刻板印象。長久以往，原住民也在這一股長期受強勢文化的壓迫之下，對漢人一般的刻板印象便是，若與漢人相處會被低估、受輕視、有

恐懼感和自卑感、沒有親切感，相互歧視。不僅影響漢人和原住民之間的了解和互動，也造成原住民在人事升遷，就業、就學各方面失去較公平的競爭機會。

他認為，政府對原住民政策應該摒棄以經濟利益做為「工具性」理性基礎，而是應該要讓原住民擁有文化特殊化的權利；多數族群漢人更應避免對原住民先入為主的偏見與刻板印象，尊重並維護原住民文化，以此態度來協助原住民的山地社會發展。

圖1：原住民青少年族人多半已都無原鄉生活經驗，透過市府舉辦相關節慶活動，喚起族群意識。

圖2：原住民族的特色不該只是侷限於文物典藏。

圖3：臺南雖非原鄉也無原住民部落，不過，市府相當重視原住民族，舉辦不少相關原住民族活動，臺南市長黃偉哲參與原住民祈福儀式。

圖4：原住民族舞蹈表演。

圖5：前臺南市長賴清德身穿魯凱族傳統服飾參與原住民日活動。

圖6：前臺南市長賴清德身穿魯凱族傳統服飾參與原住民日活動。

圖7：來自臺東的「布拉瑞揚舞團」演繹充滿力與美的「舞動山林‧原鄉路呐」。

圖8：來自臺東的「布拉瑞揚舞團」演繹充滿力與美的「舞動山林‧原鄉路呐」。

參考書目、資料

1. 行政院原住民族委員會，95 年臺灣原住民經濟狀況調查報告，臺北：行政院原住民族委員會，2007 年。

2. 行政院原住民族委員會，96 年原住民就業狀況調查與政策研究（就業狀況調查報告），臺北：行政院原住民族委員會，2008 年。

3. 行政院原住民族委員會，原住民就業政策報告研究，臺北：行政院原住民族委員會，2008 年。

4. 蔡明哲等著，《臺灣原住民史》：都市原住民史篇（頁113-151），南投：臺灣省文獻委員會，2001 年。

5. 蔡明哲等著，《臺灣原住民史》，都市原住民史篇（頁279-316），南投：臺灣省文獻委員會，2001 年。

6. 陳秉璋、陳信木，《價值社會學》，臺北：桂冠出版社1980 年。

7. 黃美英，《都市山胞與都市人類學—臺灣土著族群都市移民的初步探討》，1985 年。

8. 傅仰止，《都市原住民的生活適應》，原住民文化與教育通訊，2000 年。

9. 王嵩山，《臺灣原住民：人族的文化旅程》，臺北：遠足文化，2010 年。

10. 施正鋒，《臺灣原住民族政治與政策》。臺北：翰蘆圖書

出版公司，2005 年。

11. 陳信木、黃維憲，《民國九十五年臺灣原住民經濟狀況調查報告》。臺北：行政院原住民委員會委託研究報告，2007 年。

12. 陳信木、黃維憲、邱清榮，《「都市原住民生活輔導計畫」評估研究》。臺北：行政院原住民委員會委託研究報告，2002 年。

13. 中央研究院民族學研究所（編），《「臺灣原住民社會變遷與政策評估研究計畫」成果會議論文集》。臺北：中央研究院民族學研究所，2007 年。

14. 謝世忠，《後認同的污名的喜淚時代：臺灣原住民前後臺三十年 1987-2017》，臺北市：玉山社，2017 年。

15. 謝高橋、黃維憲、柯瓊方，《臺灣山胞遷移都市後適應問題之研究》，臺北：行政院研究發展考核委員會，1991 年。

16. 詹火生、王碧珠、古允文，《臺北地區都市山胞青年生活狀況與就業需求之研究》，臺北：行政院青年輔導委員會，1991 年。

17. 黃美英主編，《從部落到都市：臺北縣汐止鎮山光社區阿美族遷移史》，行政院文化建設委員會編印，1996 年。

18. 洪川詠，《都市文明裡的臺灣原住民》，國立臺灣大學新聞研究所碩士論文，1993 年。

19. 蘇羿如，《遷移中的臺灣都市原住民》，國立空中大學社會科學學報，2007 年。

20. 蔡春蘭，《都市原住民後代的族群認同以十二位都市原住民後代為例》，花蓮：東華大學族群關係與文化研究所碩士論文，2005 年。

21. 李建興、簡茂發，《縮短山地與平地學校教學效果差距之改進方案研究》，山胞教育叢書之四，教育部教育研究委員會發行，1992 年。

22. 吳堯峰，《四十年來原住民基本政策的研討，原住民政策與社會發展》，中華民國臺灣原住民族文化發展協會編，1994 年。

23. 孫大川，《原住民的過去、現在與未來》，中華民國臺灣原住民族文化發展協會編印，1994 年。

24. 鈴木質，《臺灣蕃人風俗誌》，臺北：武陵出版公司，林川夫審定，1991 年。

25. 張曉春，《臺北地區山地移澳民調適初步調查研究》，1974 年。

26. 陳其南，《臺灣山地居民即其文化處境》，中國論壇，1981 年。

27. 黃美英，《臺灣土著移民的都市適應與人權情況》，臺北：大佳出版社，1987 年。

28. 孫瑞霞，《都市山胞的社會流動》，國立政治大學社會研究所碩士論文，1992 年。

29. 林金泡，《北區都市山胞生活狀況調查研究》，臺灣省政府民政廳贊助，1980 年。

30. 林金泡，《原住民的都市情境》，人類與文化 31：178-184，1996 年。

31. 陳珊華，《臺灣原住民族的人口結構變遷及其對教育政策之啟示》，教育政策論壇，2009 年。

32. 陳昭帆，《社會變遷與弱勢族群：原住民的遷徙、就業與歧視問題》，嘉義：國立中正大學社會福利研究所碩士論文，2001 年。

33. 許雯錚，《都市原住民之遷徙與回流》。臺北：國立政治大學地政研究所碩士論文，2004 年。

34. 卓石能，《都市原住民學童族群認同與其自我概念生活適應之關係研究》，屏東師範學院國民教育研究所碩士論文，2002 年。

35. 范珍輝，《臺北移民之社會適應問題》，臺大社會學刊，1973 年。

36. 蕭衡倩，《十字路上的原住民運動》，1988 臺灣年度評論，臺北：圓神出版社，1988 年。

37. 吳天泰，《原住民教育文化的探討》，原住民政策與社會發展，永望文化事業公司，1994 年。

38. 夷將‧拔路兒，《從山胞到原住民的正名運動史》，臺灣史料研究，1995 年。

39. 牟中原，《原住民教育改革報告書》，教育改革審議委員會，1996 年。

40. 夷將‧拔路兒，《臺灣原住民族運動發展路線之初步探

討》，山海文化，1994 年。

41. 孫大川，《夾縫中的族群建構——泛原住民意識與臺灣族群問題的互動》，臺北：日臻，1995 年。

42. 陳茂泰、孫大川，《臺灣原住民族族群與分布之研究》，內政部專題委員研究報告，1994 年。

43. 黃美英，《文化的抗爭與儀式》，臺北：前衛出版社，1995 年。

44. 楊孝濚，《臺灣地區山胞教育資料收集整理及問題分析研究》，臺北，教育部教育研究委員會，1991。

45. 宮本延人，《臺灣的原住民族——以世界觀研究臺灣原住民之作》，魏桂邦譯，臺中：晨星出版社，1992。

46. 洪英聖，《臺灣先住民腳印——十族文化傳奇》，臺北：時報文化，1993。

47. 朱柔若，《都市原住民勞動史》，載於《都市原住民史篇》第五章，臺灣省文獻會，2000。

48. 謝世忠，《認同的污名》，臺北：自立晚報，1987。

49. 黃應貴，《光復後高山族的經濟變遷》，中央研究院民族學研究所集刊，1975。

50. 楊素真，《城鄉移民的困境與解脫：以臺北地區為例》，國立臺灣大學社會學研究所碩士論文，1994。

51. 成功大學新聞中心網站。

52. 雲嘉南區就業服務中心《樂活就業——雲嘉南區就業服務中心 2007 年報》，臺南市：雲嘉南區就業服務中心，2008

年。

53. 雲嘉南區就業服務中心，《個案管理資源手冊》，臺南市：雲嘉南區就業服務中心，2007 年。

54. 雲嘉南區就業服務中心，《雲嘉南區就業服中心就業服務三合一標準化流程作業手冊》，臺南市：雲嘉南區就業服務中心，2005 年。

55. 行政院勞工委員會，《勞動統計年報》，臺北：行政院勞工委員會，2005 年。

56. 行政院原住民族委員會《96 年原住民就業狀況調查與政策研究》，臺北：行政院原住民族委員會，2007 年。

57. 行政院勞工委員會職業訓練局，《原住民就業相關資源彙編》，臺北：行政院勞工委員會職業訓練局，2005 年。

58. 行政院原住民族委員會，《93 年臺灣原住民就業狀況調查與政策研究——就業政策研究報告》，臺北：行政院原住民族委員會，2004 年。

59. 行政院原住民族委員會《92 年臺灣原住民就業狀況調查與政策研究——就業政策研究報告》，臺北：行政院原住民族委員會，2003 年。

60. 馬財專、吳元凱，《公立就業服務機構促進原住民就業之執行評估 - 以雲嘉南區就業服務中心為例》。

61. 陳宜莉，《當前原住民民族教育困境與轉機》，臺灣教育評論月刊，2017。

62. 臺南市民族事務委員會網頁。

63. 利格拉樂・阿㛡，1996，〈樓上樓下——都會區中產階級女性運動與原住民女性運動的矛盾〉，騷動 4：4-9。

64. 金惠雯，2001，《編織・部落・夢——原住民婦女手工藝品生產之政治經濟分析》，世新大學社會發展研究所碩士論文。

65. 梁莉芳，2001，《召回我們的力量——一個阿美族部落舞團女性的生命經驗》，花蓮師範學院多元文化教育研究所碩士論文。

66. 黃美英，1994，，〈貧窮與歧視間的掙扎——臺灣原住民婦女的都市經驗〉，收於《原住民文化會議論文集》，臺北：行政院文化建設委員會。

67. 賴錦慧，1998，《族群通婚與族群觀——四季新村原住民婦女的經驗》，東華大學族群關係與文化研究所碩士論文。

68. 楊翠，2018，《少數說話：臺灣原住民女性文學的多重視域》上下冊，臺北市：玉山社。

69. 吳明隆、林慶信（2004）。原漢學童學習行為與學業成就之族群、性格因素的比較研究。高雄師大學報。

70. 詹素娟，《臺灣原住民史》，臺北，玉山社，2019 年。

71. 楊世範，《阿美族都市教會—近五十年新北市都市原住民基督信仰生活史》，臺北：唐山出版社，2011 年。

72. 郭文般，《臺灣光復後基督宗教在臺灣山地社會的發展》，國立臺灣大學社會學研究所碩士論文，1985 年。

作者簡介

曹婷婷

曹婷婷，臺南市人。著有《老店・老滋味》、《嬉市集隱於巷弄的文創》、《府城老時光——從安平到舊城區》、《時光專賣店》、《臺南巷弄文化》、《揮別傷痛、迎向重生，0206臺南大地震全紀錄Ⅰ＆Ⅱ》、《敬劇場》等書。

大臺南文化叢書第 8 輯 05

島內漂泊記事：臺南都市原住民

作　　　者／曹婷婷
社　　　長／林宜澐
總　　　監／葉澤山
召 集 人／黃文博
審　　　稿／戴文鋒
行政編輯／何宜芳、許琴梅
總 編 輯／廖志墭
執行編輯／宋繼昕
編輯協力／宋元馨、潘翰德
封面設計／黃梵真
內文排版／藍天圖物宣字社

出　　　版／臺南市政府文化局
　　　　　　地址：永華市政中心：70801 臺南市安平區永華路 2 段 6 號 13 樓
　　　　　　　　　民治市政中心：73049 臺南市新營區中正路 23 號
　　　　　　電話：（06）6324453　網址：http://culture.tainan.gov.tw

蔚藍文化出版股份有限公司
　　　　　　地址：10667 臺北市大安區復興南路二段 237 號 13 樓
　　　　　　電話：02-22431897
　　　　　　臉書：https://www.facebook.com/AZUREPUBLISH/
　　　　　　讀者服務信箱：azurebks@gmail.com

總 經 銷／大和書報圖書股份有限公司
　　　　　　地址：24890 新北市新莊市五工五路 2 號　　電話：02-8990-2588

法律顧問／眾律國際法律事務所　著作權律師／范國華律師
　　　　　　電話：02-2759-5585　　網站：www.zoomlaw.net

印　　　刷／世和印製企業有限公司
定　　　價／新臺幣 380 元
初版一刷／2020 年 12 月
ＩＳＢＮ：978-986-5504-13-7　　ＧＰＮ：1010900917
分類號：C071
局總號：2020-570

國家圖書館出版品預行編目（CIP）資料

島內漂泊記事：臺南都市原住民 / 曹婷婷著 . -- 初版 . -- 臺北市：蔚
藍文化；臺南市：南市文化局, 2020.12
　　面；　公分 . -- (大臺南文化叢書 . 第 8 輯；5)
ISBN 978-986-5504-13-7（平裝）
1. 臺灣原住民族　2. 生活型態　3. 宗教與社會

536.33　　　　　　　　　　　　　　　　　　109009282